KINZAI バリュー 叢書 L

信託登記の照会事例 2

横山 亘
YOKOYAMA WATARU

一般社団法人 金融財政事情研究会

はじめに

　私たち登記実務家は、社会経済の発展に伴ってそのニーズに対応する形で日々進化し続ける信託に適切に対応する高度な専門能力を身に付けなければなりません。そのためには、信託業の動向に注意を払い、不動産登記制度と信託制度との調和を図る努力が必要です。なぜなら、信託業の実務が不動産登記制度を見誤ることがないように、大局を見据えつつ、細目においてぶれることのない結論を導くことこそが、登記実務家に与えられた使命だからです。

　また、信託の様々な機能は、信託が健全に運用されることによって初めて実現するので、それらの機能が制度上保証されているからこそ、その安全性が担保されながら、具体的な信託の運用が可能となります。信託が健全に運用されることを前提に、資産活用や投資の自由度が高められる仕組みとして信託の制度設計がされているのです。その一方で、その自由度は、それを利用する側の考え方ひとつで制度の濫用が容易にできてしまうという、諸刃の剣を持ち合わせています。

　本書の狙いは、資格者代理人からの照会及びそれに対する登記官の回答事例を通じて信託の登記実務の現状を分析し、その問題点や課題等を明らかにすることにより、信託の登記に携わる読者の皆様に情報を提供することにあります。どうか文中の意見の部分は、著者の私見であることにご留意ください。

　2023年9月　　　　　　　　　　　　　　　　横山　亘

本書での表記

　本書で表記する「旧不動産登記法」とは、平成16年法律第123号による改正前の不動産登記法（明治32年法律第24号）を、「不動産登記法」「新不動産登記法」とは、いずれも平成16年法律第123号を指します。また、「旧信託法」とは、平成18年法律第109号による一部改正前の信託法（大正11年法律第62号）を、「信託法」「新信託法」とは、いずれも平成18年法律第108号を指します。

● 目 次

第9章　信託と区分建物

第10章　信託と都市再開発

第11章　信託財産の処分

第12章　金銭信託財産の処分による信託の登記

第 6 章

遺言代用信託

> **問** 旧信託法の適用を受ける不動産管理信託に、下記の遺言代用信託の特約を付加することは可能でしょうか。
>
> 〔照会者Ａ〕
>
> 記
>
> 第○条 第1受益者（変更契約締結時の受益者）は、第1受益者が死亡のときに受益権を取得する者（第2受益者）として、末尾記載の者を指定すること
>
> 第○条の2 第1受益者は第2受益者を変更することができること、第2受益者は第1受益者死亡のときに受益権を取得すること等
>
> （第○条の2は、第○条の説明であり、特に必要ない）
>
> 契約書末尾 第2受益者の氏名住所

　照会者Ａは、旧信託法の適用を受ける不動産管理信託の契約内容に、現在の委託者兼受益者が死亡した場合、あらかじめ指定した者を次順位の受益者とする旨の特約を追加したいとのことです。これは、第1受益者の死亡を停止条件として第2受益者に受益者の地位及び受益権を移転させるものであり、第2受益者は、第1受益者の生存中は、指定を受けても受益者としての地位及び権利を有していないことになります。

　このような契約は、遺言代用信託と呼ばれ、信託法90条において明文化されたものです。本問の場合、信託当事者の合意により適用される法を旧信託法から新法とする旨の信託の変更をすれば、問題なく新法の適用を受けることになるのですが、照

会者は、新法の適用を受けるものとすると、受託者が受益者に対して有する信託費用等の保証請求権が消滅するなどを理由に、旧信託法の適用を受けたままで、遺言代用信託の特約を付加したいとのことです。

　信託業実務では、旧信託法下において信託契約締結時に交付される書面に「委託者が受益者を指定又は変更する権利を有する場合は、当該権利に関する事項」を記載することとされており、委託者の受益者指定権又は変更権が認められていました（信託業法施行規則33条4項3号）。また、旧信託法の解釈においても、委託者は信託行為において受益者変更権（これを含む信託変更権でもよい）又は解除権を自己に保留したり、受益者変更権・信託変更権を第三者に与えることができ、その場合には、その権利の行使によって受益者は受益権を失うことになる（四宮和夫『信託法新版』（有斐閣、1989年）320頁）とか、受益者連続を定める生前信託行為も、当然に無効なのではなく、ただ相続人の減殺権の対象となり得るにとどまるものと考えるべきではないだろうか（同130頁）などの見解がありました。また、生存していて信託設定時に確定できる者を連続受益者とするような信託は認められてよいであろう（妻を第1受益者、妻死亡後はすでに生まれている長女を第2受益者にするような信託）（能見善久『現代信託法』（有斐閣、2004年）189頁）などの見解があり、これらの学説が後の信託法の立案に大きな影響を与えたものと思われます。

　まず、遺言代用信託は、契約方式による信託行為であり、契約に条件等を付すことは、一般に許容されていることから、旧

信託法においても旧信託法の強行法規に反しない限りにおいて、契約で遺言代用信託と同様な法律効果を発生させることは、可能であったと考えます。

　次に、本問の特約が契約の変更の時点で信託目録に記録されていることを前提として、第1受益者が死亡した場合の受益者変更の登記手続については、契約の変更の時点では、まだ、第1受益者が生存しているので、第2受益者に受益者を変更する登記をすることはできません。第2受益者に受益者を変更する登記は、第1受益者が死亡した後に申請をすることになります。この際の添付情報とされる登記原因を証する情報には、第1受益者が死亡して、遺言代用信託の特約条項に基づき第2受益者の指定がされた事実及び第2受益者がこれに応じた旨等の記録が必要となります。もっとも、信託目録に記録された内容からその事実が明らかであることから、登記原因を証する情報には、死亡を証する情報として戸籍謄本等を添付すれば足りるとの考え方もあるでしょうが、その場合には、第2受益者の地位承継の意思を別の方法で担保する必要があると思われます。

第 7 章

自己信託

第 1 自己信託における委託者の地位の移転

> **問1** 信託法146条の規定に基づき、自己信託の委託者の地位を第三者に移転する登記の申請をすることができますか。〔照会者Ａ〕

　委託者の地位は、受託者及び受益者の同意を得て、又は信託行為において定めた方式に従い第三者に移転することができます（信託法146条）。照会者Ａは、自己信託において委託者の地位を移転すると、それは、自己信託でなくなることになるので、認められないのではないかとの疑問を持ったようです。ここでは、自己信託において信託法146条の行為自体が禁止されるのか否かが論点となります。

　信託法146条は、明文上、自己信託への適用を禁止するものではありませんが、解釈上、これを認めないとする見解があります。すなわち、自己信託は、委託者の地位及び受託者の地位が一体となった特殊な信託の形態であり、そもそもこれを切り離すことは許されないとするものです。この説によれば、自己信託は、信託期間中は自己信託であり続けなければならないということになります。一方で、自己信託であっても他の信託同様、当事者の同意等により委託者の地位だけを譲り渡すことが可能であるとする考え方もあり、この説によれば、後発的に委託者の地位と受託者の地位を分離することが可能となり、当

初、自己信託だった信託は、その後、自己信託でない信託として存続することができることになります。

次に、自己信託を用いて不動産の資産の流動化スキームを実現しようとした場合、登記実務では、信託目録に委託者の地位移転条項が記録されることとなるのですが、このような自己信託の登記が許容されるのかという問題があります。これについては、自己信託の限界論として諸説あるようですが、信託法上、専ら受託者の利益を図る目的で自己自益信託が認められたわけではないので、自己他益信託が目的遂行の過程で自己自益信託となることが例外的に許容されたものと考えることができます。したがって、受託者が一旦受益権の全部を固有財産で取得し、当該信託の運用実績を踏まえた上で受益権を販売するといった資産流動化における自己信託の利用が認められる一方で、将来の事業の失敗に備え、自己の資産について自己（又は親族）を受益者として除いておくといった自己信託の利用の仕方は、自己信託の限界を超えており、認められないと考えられています。

ところで、信託法では、当初信託がされた時点では予想されなかった事態に対応するために、信託の変更が広く認められています（信託法149条）。この要請は、自己信託についても同様と考えられます。この場合には、関係当事者の合意によって変更がされることになりますが、単独受益の自己信託の場合、当事者は1人であり、信託法149条2項及び3項の手続を経ずして、いとも容易に変更ができてしまうこととなってしまうので、信託の変更を単独受益の自己信託に認めることは妥当とは

思われません。

　信託行為に定めがないにもかかわらず、自己信託を信託契約の形態に容易に変更したり、当事者の思惑によって自己信託の本質に抵触するような変更が容易にできることは、自己信託の濫用にほかなりません。自己信託においては、信託法上、成立要件、効力要件が特別に定められていますが、これは、自己信託が単純に委託者の意思表示のみで成立し得るとすると、その意思表示の存在や中身についての反証が困難で法律関係が不安定になることから、これらを公正証書等の書面に関わらしめ、信託設定の事実、内容及び時期を客観的に検証する必要があるからです。このことは、当初設定の時にだけ求められるものとは考えにくく、自己信託の変更にあっては、それが法定要件事項に関する変更であれば、一定の要式行為をもって変更すべきであると考えます。

　このような手続を経ることで、1年を超えて信託を継続したい場合や、委託者本人と第三者を受益者とする受益者複数の自己信託において、第三者が死亡した場合に、受益者を追加させることにより信託を継続したいという需要に応えることができるものと考えます。

第2 自己信託における受託者兼委託者の死亡

> **問2** 自己信託の登記がされている場合において、受託者兼委託者が死亡したときには、本件自己信託は、終了するものと解して差し支えないでしょうか。〔照会者B〕

　遺言信託以外の信託における委託者の地位は、相続により承継されます（信託法147条本文）。自己信託の場合には、委託者が受託者を兼ねていることから、受託者である個人の死亡は、信託法上は、受託者の任務の終了事由とされています（信託法56条1項1号）。

　本問のような場合には、通常の契約信託のように、委託者の地位は相続により承継され、受託者については任務終了により新たな受託者を選任することにより、信託が継続されるものと考えられます。もっとも、この場合には、後発的に委託者の地位と受託者の地位が分離されることになるので、自己信託は、以後、自己信託でない信託として存続することになるものと思われます。

　一方で、自己信託は、委託者と受託者が一体となるものであり、これを切り離してまで存続させなければならない理由に乏しいとの考え方もあります。自己信託は、委託者としての権利義務が受託者と一体となった委託者のみが適切に運用することができるのであって、数次相続で委託者の地位を有する当事者

が多数となれば、適切な権利行使や義務の履行が困難となってしまうからです。この考え方によれば、自己信託の場合には、設定当初の意思を尊重して、別段の定めがない限り、受託者兼委託者の死亡により、信託法163条1号の「信託の目的を達成することができなくなったとき」に該当するものとして、信託の終了に該当することになります。

　著者は、本問のように信託法の実体解釈として複数の見解が考えられ、それらのいずれにも合理性が認められるのであれば、信託契約当事者による解釈が尊重されるべきであり、必ずしも登記申請の前提となる実体規定を登記官が積極的に有権解釈しなければならないというものではないと考えています。

第3 自己信託の登記の添付情報

> **問3** 私署証書の謄本の認証（公証人法58条2項）の方法により認証を受けた自己信託設定証書を、自己信託の登記の登記原因を証する情報として提供することはできますか。〔照会者C〕

　照会者Cは、自己信託の登記の申請には、登記原因を証する情報として、「公正証書又は公証人の認証を受けた書面若しくは電磁的記録」（信託法4条3項1号）の提供が必要となる（不動産登記令別表65の項）ところ、自己信託設定証書につき、私署証書の謄本の認証（公証人法58条2項）の方法により認証を受けたものが「公証人の認証を受けた書面」に該当するかを照会しています。ここでは、「公正証書」「公証人の認証を受けた書面」の定義が問題となります。

　公証人の認証を受けた書面とは、公証人による認証がされた私署証書をいいます。これは、一般に私署証書の認証といわれるもので、いわゆる私文書にされた署名、署名押印又は記名押印が本人によってされたものであることを公の機関である公証人が証明（署名認証）することです。私署証書とは、一般的に私法上の法律行為又は私法上の法律行為に関連性のある事実を記載した文書（私文書）をいいます。私署証書には、当該法律行為の当事者又は文書作成者等の署名、署名押印又は記名押印

がされている必要があります。

　公証人は、法令に反した事項、無効な法律行為又は行為能力の制限によって取り消すことのできる法律行為については、私署証書の認証をすることができません（公証人法26条、60条）。したがって、公証人による認証の対象は、当該証書にされた署名、署名押印又は記名押印のみならず、署名、署名押印又は記名押印等と一体として、当該私署証書の内容等も審査の対象とされており、この認証によって、当該私文書が作成名義人の真正な意思の下に作成されたものであることが推定されます。なお、私署証書の認証には、署名認証のほかに、提出された私署証書の謄本がその原本と符合することを認証する制度（謄本認証）もあります。

1　署名認証

　私署証書の認証を受けようとする嘱託人は、私署証書及び嘱託人に関する本人確認の資料を添えて公証人に提出します。公証人は、嘱託人の氏名を知り、かつ、同人と面識があることが必要とされ（公証人法28条1項、60条）、これらを知らない場合には、官公署の作成した印鑑証明書の提出その他これに準ずべき確実な方法によって、嘱託者本人に相違ないことを証明させることとされています（公証人法28条2項、60条）。

　公証人の署名認証は、公証人が当該私署証書にした嘱託人の署名、署名押印又は記名押印の有無を確認し、嘱託人本人が出頭した場合には、①作成者本人が公証役場に持参した私署証書

について、公証人の面前で当該私署証書に署名、署名押印又は記名押印し、これを公証人が認証する方法（目撃認証又は面前認証）又は、②あらかじめ署名、署名押印又は記名押印をした私署証書を作成者本人が公証役場に持参し、公証人の面前で当該署名、署名押印又は記名押印が自らしたものである旨を認めたことに基づき、これを公証人が認証する方法（自認認証）によることとなり、嘱託人の代理人が出頭した場合には、③あらかじめ作成者本人が署名、署名押印又は記名押印した私署証書を作成者の代理人が公証役場に持参し、公証人の面前で代理人が当該署名、署名押印又は記名押印が作成者自らしたものである旨を認めたことに基づき、これを公証人が認証する方法（代理認証）によることとなります。

2 謄本認証

　私署証書の謄本について公証人の認証を受けようとする嘱託人は、私署証書の原本及び当該原本に基づき作成された謄本を提出します（公証人法58条2項）。併せて私署証書の署名等の認証手続と同様に嘱託人に関する本人確認の資料も提出しなければなりません（公証人法60条、28条2項）。なお、代理人による認証の嘱託も認められます（公証人法60条、31条）。公証人は、提出書面に基づき嘱託人の本人確認等をした後、嘱託人が提出した私署証書の謄本とその原本とを対照して相互に符合していることを確認し、「嘱託人何某の提出した○○（私署証書の名称等）の謄本は、その原本と対照し、原本と符合することを認め

た。よって、これを認証する」等の認証文言が付されます。

例えば、信託不動産が全国に多数ある場合において、これらの不動産につき公正証書を提供して全国の登記所に同時に登記の申請をするには、公正証書の正本又は謄本が複数必要となります。また、公証人の認証を受けた書面を提供する場合には、①自認認証（公証人法58条１項）、②宣誓認証（公証人法58条ノ２）、③私署証書の謄本の認証（公証人法58条２項）などが考えられるところ、①は、謄本の交付制度がないので、常に正本を提供しなければならないという問題があり、②は、謄本の交付制度はあるものの（公証人法60条ノ４、51条）、宣誓者本人が自ら公証役場にて宣誓認証を受けなければならないなどの問題があります。③は、自己信託設定書の謄本に認証を受けるものであり、単に公証人が、これは自己信託設定書の原本と相違ない旨について認証するものであり、原本に違法や無効の記載があった場合であっても、認証の拒絶ができないのではとの疑義が生じます。

しかし、私署証書の謄本の認証は、後日の紛争防止等を目的として公の機関である公証人が証明する認証行為であり、明らかに法令等に抵触するような内容の私署証書に関する謄本認証については、公証人法60条で準用する26条の趣旨からも、署名認証同様に拒絶されるものと解されます。私署証書の謄本の認証は、公証人が提出された書面に基づき、嘱託人について本人確認等を行った後、嘱託人が提出した私署証書の謄本とその原本とを対照して、相互に符合していることを確認し、当該謄本が原本と符合する旨を認証するものであり、「公正証書又は公

証人の認証を受けた書面若しくは電磁的記録」（信託法４条３項
１号）に該当するものと解されます。

第 **4** 根抵当権の自己信託

問4　甲を根抵当権者、乙を債務者兼根抵当権設定者とする根抵当権の設定の登記がされている場合において

1　確定前の根抵当権を自己信託の目的とすることはできますか。

2　1の自己信託の登記を申請する場合に、乙の承諾を証する情報を提供する必要がありますか。

3　根抵当権の自己信託が終了した場合には、どのような登記を申請すればよいでしょうか。〔照会者D〕

　1は、確定前の根抵当権を自己信託の目的とすることについてです。

　根抵当権の設定の登記後に当該根抵当権につき自己信託の登記をすることは、認められます（信託法3条3号、不動産登記法98条1項、3項）。この場合の登記の形式は、根抵当権の移転ではなく、根抵当権の変更の登記となります。

　2は、根抵当権設定者の承諾を証する情報の提供の要否についてです。

　元本確定前の根抵当権を譲渡するには、根抵当権設定者の承諾を要するところ（民法398条の12第1項）、自己信託の設定は、そもそも移転行為がなく、民法が定める確定前の根抵当権の処分には該当しないので、同条で定める根抵当権設定者の承諾を

要しないと考えます。また、自己信託の設定に関して、根抵当権設定者の承諾は要件とされていないことから、本問について、根抵当権設定者の承諾を証する情報を提供する必要はないと考えます。

3は、自己信託の終了の手続についてです。

自己信託が終了し、根抵当権が信託財産から固有財産になった場合には、信託財産引継を原因として固有財産となった旨の登記及び信託登記の抹消をすることとなります。この登記を申請するに際し、根抵当権設定者の承諾は要しないと解されます。また、既発生の貸付債権は、引き続き当該根抵当権で担保されることになるので、債権の範囲の変更の登記を申請する必要はありません。

一方、自己信託の終了に伴い、根抵当権が第三者へ移転した場合には、売買又は信託財産引継等を登記原因として根抵当権移転の登記及び信託登記の抹消をすることとなります。この場合には、受託者及び第三者の共同申請によることとなり、根抵当権設定者の承諾が必要となります。なお、既発生の貸付債権を引き続き当該根抵当権で担保させるには、債権の範囲を変更する登記を申請しなければなりません。

第5 自己信託の受託者の辞任

> **問5** 委託者及び受託者を甲社、受益者を乙社とする自己信託の登記がされている場合において、受託者甲社が辞任し、新たに丙社が選任されたときの登記の申請手続は、どうなりますか。〔照会者E〕

受託者の辞任は、受託者の任務の終了事由とされています（信託法56条1項5号）。受託者は、委託者及び受益者の同意を得て辞任することができます（信託法57条）。また、受託者の任務が終了した場合において、信託行為に新受託者に関する定めがないときは、委託者及び受益者の合意により、新受託者を選任することができます（信託法62条1項）。これらのことは、自己信託の場合であっても該当するものと考えられます。

受託者の変更により自己信託から通常の信託となったことにより、信託の内容も当然に変更されることから、信託目録の変更の登記を同時に申請しなければならないのではないかとの疑問が生じるかも知れません。しかしながら、仮に、信託の内容が変更されたとしても、それが信託目録に記録されるべき登記事項であるかどうかは、変更された内容によるので、一概にそれらが登記事項になるとも限りません。さらには、所有権の移転の登記と信託目録の変更の登記は、不動産登記法上、同時申請が義務付いているわけではないので、必ずしもこれを同時に

申請しなければならないというものではありません。

　上記の事案で、例えば、受託者甲社が辞任し、新たに受託者が丙社に変更された場合において、甲社と丙社の代表取締役が同一人であるときには、利益相反取引（会社法356条1項3号）のうち間接取引との関係が問題となります。一般に、取締役と会社との利益が相反する取引については、取締役は、当該取引につき重要な事実を開示し、取締役会設置会社であれば、取締役会の承認を受けなければなりません（会社法365条1項）。この承認を欠く利益相反取引は無効とされますが、ここで対象となる取引とは、裁量によって会社を害するおそれがある行為に限られ、会社に不利益が及ぶおそれのない取引は除外されます。

　本問では、受託者は、信託行為の定めに従い、信託財産に属する財産の管理及びその他の信託の目的の達成のために必要な行為をすべき義務を負う者（信託法2条5項）であり、旧受託者と新受託者との間には利益衝突はないという考え方もあるかも知れません。しかし、受託者には信託財産に損失が生じた場合の原状回復の義務等があることから（信託法40条1項2号）、例えば、受託者甲社が負担すべき財産上の債務を丙社に負担させるために、あるいは丙社に肩代わりさせる意図をもって、受託者甲社の辞任による新受託者丙社が選任されたとすれば、これは、明らかに丙社の財産を害する結果となることから、形式的に会社法上の利益相反行為と認められるものと考えます。

自己信託に伴う抵当権の債務者の変更の登記

> **問6** Aは、賃貸ビルを所有し、当該不動産には、金銭借
> 入れの抵当権の設定の登記がされています。Aは、相続
> 税対策として、Bに当該不動産を譲渡したいのですが、
> 所有権の移転の登記をすると、登録免許税や不動産取得
> 税が課税されるので、これを節約したいとして、Aが当
> 該不動産に自己信託をして、Bにその受益権を売却しよ
> うと考えています。そこで、当該不動産に設定されてい
> る抵当権の被担保債務も併せて信託財産化するために、
> 登記原因を「年月日自己信託に基づく免責的債務引受」
> として抵当権の債務者を受託者Aとする抵当権の変更の
> 登記の申請をすることができるでしょうか。〔照会者F〕

　ここで問題となるのは、消極財産である債務が信託財産とな
り得るかという点でしょう。旧信託法下では、財産権は金銭に
見積もれるもの及び積極財産であることが要件とされ、債務自
体を信託財産とすることはもちろん、積極財産と消極財産を含
む包括財産の信託も許されないと考えられていました。信託法
では、信託財産責任負担債務が明文化されるなど、受託者が委
託者の負担する債務（消極財産）を信託債務として引き受ける
ことが可能になったなどとする見解もあるようですが、信託法
においても信託の対象となる財産は、積極財産でなければ信託

の目的とはなり得ず、一般的には消極財産自体を信託すること
は認められないと考えられます。

　もっとも、信託法では、委託者と受託者の合意により委託者
の債務を受託者が引き受けることが認められ、1つの事業体の
積極財産（資産）と消極財産（負債）を同時に信託することに
より事業を信託したのと同様の状態を作り出すこと（いわゆる
「事業信託」）が可能となりました。このような場合には、消極
財産については債務引受により受託者に移転し、当該債務を信
託財産を用いて履行するという内容の信託を設定することが考
えられます。つまり、積極財産を信託することとし、消極財産
については信託行為中に債務引受を含めることによって、積極
財産と併せて債務も受託者に移転させることが可能となりま
す。なお、上記の債務を免責的債務引受とする場合には、債権
者の合意が必要となります。

　本問は、信託行為として抵当権付きの債務を免責的に引き受
けるものであり、上記のスキームに合致するものと思われま
す。照会者Fは、「Aは、不動産を自己信託するのと同時に、
既存抵当権の信託借入れとして、債務者Aから受託者Aへの債
務引受契約を締結するものであり、この既存抵当権の信託借入
れは、紛れもない消極財産の信託である」との見解を述べてい
ます。また、資料として添付された自己信託証書には、信託財
産責任負担債務を定め、受託者が債務を引き受けるとされ、抵
当権者と債務者変更契約を締結することとされています。

第7 自己信託された信託財産を受益者へ引き継ぐ場合の登録免許税

> 問7　委託者と受益者の合意によって信託が終了し、信託
> 目録の記録に従い受益者が信託財産を引き継ぐこととさ
> れた場合において、受託者と受益者が同一人であったと
> きの登記手続はどうなりますか。また、登録免許税は、
> どのように算定したらよいでしょうか。〔照会者G〕

　自己信託の登記がされている不動産について、委託者と受益
者の合意によって信託が終了し、信託目録の記録に従い受益者
が信託財産を引き継ぐこととされた場合において、受託者と受
益者が同一人であったときには、登記名義人である所有者その
ものに変更は生じません。

　この場合には、民法177条の要請に基づく所有権の物権変動
の登記手続を再度行う必要はなく、信託法14条の要請に基づく
信託財産が信託財産でなくなったことを公示すれば足りるもの
と考えられます。この信託財産が信託財産でなくなったことを
公示するための手続は、財産の性質が信託財産から固有財産へ
と変更されたことを示す変更の登記（固有財産になった旨の登
記）と、信託登記の抹消（不動産登記法104条1項、2項）をそ
れぞれ受託者が単独で申請することになります。前者の変更の
登記の登録免許税は、所有権の移転を伴わない権利の変更の登
記であることから、不動産1個について1,000円（登録免許税法

別表第1－（十四））が課せられるものと考えられ、後者の抹消の登記も同様に、不動産1個について1,000円（登録免許税法別表第1－（十五））が課せられるものと考えられます。

　ところで、前者の権利の変更の登記については、実質的な所有権の移転なのか否かによって登録免許税の考え方が異なっています。本事案は、実質的な所有権の移転ではないとして、不動産1個について1,000円が課せられるのですが、委付による信託終了の場合には、実質的な所有権の移転の登記であるとして、登録免許税法別表第1－（二）ハが適用され、不動産価額の1,000分の20の税率が適用されることとされています（昭41・12・13民事甲第3615号民事局長電報回答参照）。

　このことは、拙著（『信託に関する登記〔最新第2版〕』（テイハン、2016年）590頁）でも触れているところであり、登記実務の通説的な見解とされているのですが、最近、著者は所有権の移転の実質を伴う権利の変更とは何を意味するのか、なぜ権利の変更の中に実質的な所有権の移転とそうでないものがあるのかについて疑問を感じるようになりました。現在の著者は、信託に関する登記は、「民法177条」と「信託法14条」に分解されると考えており、そのように考えると、委付による信託終了の場合であっても、実質的な所有権の移転の要素は存在していないのであって、前掲昭和41年先例の理由付けは、もっと別のところにあるのではと考えています。この問題については、登録免許税の章で改めて触れたいと思います。

第 8 章

信託の仮登記

問1 委託者の死亡を始期とする信託の仮登記をすることができますか。〔照会者Ａ〕

　一般に、信託契約に始期を付けることは許されます。例えば、委託者の死亡を始期とした場合、当該信託契約は、委託者の死亡時に信託契約の効力が生じることとなり、その性質は遺言信託と酷似することになりますが、始期付信託契約と遺言信託は、法的に別のものです。

　遺言信託の場合とは異なり、信託契約の場合、委託者の相続人は、相続により委託者が有していた信託法上の権利義務を承継することになりますが、現実には、相続人によって信託財産が費消されたり、信託に必要となる手続が拒否されるなど、信託手続が円滑に行われないことも想定されます。そこで、信託業実務では、このような場合に備えて、あらかじめ関係者から関係書類の預託を受けておくなどの準備をしておくほかに、委託者の死亡を始期とする信託契約を確実に履行するために遺言の執行の機能が併用されているようです。このような場合には、登記の添付情報として遺言書が提供されるなど、複雑な形態となって申請されることになります。

　例えば、実務においては、信託契約の締結と同時に、①委託者の死亡時に信託の効力が発生する旨、②遺言執行者の指定、

③遺言執行者への信託に関する執行を含む必要な権限を付与する旨の遺言書を作成することが行われるほか、委託者の死亡前に信託の仮登記の申請が行われるようです。また、委託者の死亡後は、上記の遺言執行者が遺言執行行為として信託設定手続を行い、委託者の相続人を登記申請手続に関与させることなく、遺言執行者が受託者と共同して、所有権の移転の登記の申請をすることなどが考えられます。

信託を原因とする条件付所有権の移転の仮登記のみの申請の可否

> **問2** 信託を原因とする条件付所有権の移転の仮登記のみを申請し、信託の仮登記を同時に申請しないことは、許されますか。〔照会者Ｂ〕

　照会者Ｂは、信託を原因とする条件付所有権の移転の仮登記のみの申請をし、信託の仮登記を同時に申請しないことが許されると考えています。その理由として、仮登記の申請は任意であり、信託の仮登記を同時に申請しないという自由は認められるとの意見を付しています。しかし、本登記をすることが絶対的に不可能となることが当初から明らかな仮登記を公示する必要があるかは疑問であり、本登記することができない仮登記は、仮登記としての目的を達することもできないのですから、このような登記が認められるとは到底考えられません。

　このような照会がされる背景には、条件付所有権の移転の仮登記と同時にする信託の仮登記が認められるかという旧信託法時代からの論点があり、この論点が紆余曲折した末に、今日のような照会に係るような登記申請の受理事例として、広がっているようです。

　著者は、旧信託法時代から一貫して条件付所有権の移転の仮登記と同時にする信託の仮登記の申請は可能であるとの立場を採っているのですが、【質疑応答】（7096）（登記研究752号86頁）

をはじめ、これを消極に解する見解もありました。おそらく、登記の現場においてこの論点が、「条件付所有権の移転の仮登記と同時にする信託の仮登記は認められないが、条件付所有権の移転の仮登記のみであれば認められる」という解釈を生み、登記実務として拡散したものと思われます。

　信託法下では、契約信託は信託契約の締結によってその効力が生じ（信託法4条1項）、他方、信託行為に停止条件又は始期が付されているときは、当該停止条件の成就又は当該始期の到来によってその効力が生じる（信託法4条4項）ことから、信託を登記原因とする停止条件付所有権の移転の仮登記及び信託の仮登記の申請を同時にすることは、当然に認められると考えられます。

　また、信託の登記の申請は、当該信託に係る権利の保存、設定、移転又は変更の登記の申請と同時にしなければならない（不動産登記法98条1項）とされています。本条の趣旨は、登記の正確性の確保にあると解されており、このことは信託を登記原因とする停止条件付所有権の移転の仮登記についても同様であると考えます。よって、信託の仮登記の申請と同時ではなく、信託を登記原因とする停止条件付所有権の移転の仮登記の申請のみがされた場合には、申請情報の提供の方法が法令の規定に定められた方式に適合しないことになるので、不動産登記法25条5号の規定により却下されるべきと考えます（平30・8・3民二第297号民事第二課長回答参照）。

第3 賃借権設定の仮登記に転貸の仮登記及び信託の仮登記をすることの可否

> 問3 賃借権設定の仮登記がされています。今般、この仮登記の賃借権転貸の仮登記及び信託の仮登記を申請したいのですが、可能でしょうか。〔照会者C〕

　照会の趣旨が判然としませんが、信託行為としての転貸が許されるかという趣旨であれば、転貸は、信託法3条1項1号でいう財産の処分に該当するものと解されるので、賃借権を信託財産とすることは許されるものと考えられ、その仮登記の申請もすることができるものと思われます。

第4 信託財産に設定された第三者の賃借権を信託財産とする仮登記の可否

> 問4　委託者Ａは、自己所有の不動産を受託者Ｂに信託（甲信託）しました。Ｂは、当該不動産にＣのために建物所有を目的とする賃借権を設定し、その仮登記をしました。今般、Ｃを委託者、Ｂを受託者とする信託契約を締結し、Ｃの賃借権をＢに信託（乙信託）し、Ｂを受託者とする賃借権移転の仮登記及び信託の仮登記をしたいのですが、このような仮登記は可能でしょうか。〔照会者Ｄ〕

　照会者Ｄの照会の趣旨は判然としませんが、甲信託の受託者が乙信託の受託者となることが可能なのかということであれば、照会者は不動産の所有者と賃借権者が同一人である受託者Ｂに帰属することとなるので、賃借権が混同により消滅するのではないかと考えているのかも知れません。しかしながら、受託者は、これらを自己の固有財産ではなく、信託財産として管理しているのであり、本問の場合には、不動産は甲信託、賃借権は乙信託という、それぞれ異なる信託の目的物となっていることから、信託財産が混同により消滅することはない（信託法20条）と考えます。

第 5 　根抵当権仮登記及び信託仮登記の抹消

> **問5**　複数の不動産に累積式の根抵当権及び信託の設定契約がされ、根抵当権の設定の仮登記及び信託の仮登記がされています。今回、ある不動産について、根抵当権の解除がされ、それに伴い信託財産でなくなったことから、根抵当権仮登記及び信託仮登記の抹消をしたいのですが、別紙の登記申請情報及び添付情報で登記可能でしょうか（別紙省略）。〔照会者Ｅ〕
>
> ※　照会者は、以下の点に悩みながら登記申請情報等を作成したとのこと

(1)　根抵当権の解除について

【信託目録の抜粋】

担保権の解除

1　本件担保権の全部又は一部の解除は、本契約に別段に定めがある場合を除き、委託者からの請求に基づきセキュリティエージェントが受益者の意思決定を行い、当該意思決定結果を受託者に通知し、これに従い受託者が委託者に承諾した場合のみ、行われるものとする。

2　前項の規定にかかわらず、本件対象不動産（ただし、本契約又は追加信託差入書において、建物の種類が店舗と記載されているもの及び当該建物に関するもの及び当該建物に係る土地に限る）に係る本件不動産根抵当権については、

> 委託者が、担保権の解除を希望する日（以下「解除希望
> 日」という）の1か月前までに受託者及びセキュリティ
> エージェントに対し通知することにより、当解除希望日
> において解除されるものとする。ただし、各債務者が本
> 件被担保債権につき期限の利益を喪失した場合又は本件
> 不履行事由が発生し、かつ継続している場合において、
> セキュリティエージェントが受託者を通じて、爾後本項
> に基づく担保解除は認めない旨の通知を委託者に送付し
> たときは、本項に基づく担保解除は認められないものと
> する。
>
> ⑵　信託の終了について

　まず、⑴根抵当権の解除について、照会者Eは、信託目録に
記録された第2項の解除権者とは誰なのかという点に疑問を持
ち、解除権者は委託者ではなく、受託者であるとの結論に至っ
たとのことでした。すなわち、上記の定めは、委託者から解除
希望の通知があった場合において、受託者が本解除規定に定め
られている要件を満たしていることを確認することができると
きに、根抵当権者である受託者が抵当権を解除することができ
るという規定と考えたようです。つまり、ここでいう「通知」
は、あくまで委託者からの解除の依頼にすぎず、解除の主体は
受託者であり、受託者が解除希望日をもって解除を行うとの見
解のようです。

　しかしながら、委託者が単に通知をもって受託者による解除
権発動の端緒を提供するだけであるとすれば、必ずしも解除の

効果を委託者の解除希望日に遡及させる必要はないように思えます。また、ただし書の「担保解除は認めない」「担保解除は認められない」という文言は、委託者の有する解除権を受託者が剥奪することを許容しているようにも読めます。そもそも、「委託者が、……解除されるものとする」との表現は、日本語としての意味が不明瞭であり、照会者Eのように、この中に「受託者によって」の文言が隠れていると解するのであれば、「受託者によって解除するものとする」とすべきと考えます。

　照会者Eの見解は、受託者が本解除規定に定められている要件を満たしていることが確認できるときに根抵当権者である受託者が根抵当権を解除するというものですが、著者は、少なくとも根抵当権者である受託者にその確認をもって解除権の行使の権限が付与されているとは読むことができません。信託契約当事者は、1項、2項ともに委託者と受託者のいずれかが解除権を有するというよりも、委託者と受託者の共同作業で解除の効果を発生させようとする趣旨、言わば、「解除契約」あるいは「合意解除」のようなものを意図したのではないかと推測します。

　もっとも、登記官としての立場からいえば、登記原因を証する情報に当事者による解釈の結果として、信託目録に定められた当事者の行為が時系列に記載されていれば、それで十分なのであって、登記官自らが信託目録の文言を独自に解釈して、解除権者が誰なのかを探求しなければならないというものではない気がします。信託行為は、信託当事者が作成し、誠実に解釈するものであり、本問のように、文言に解釈上の疑義が生じる

ものについては、趣旨を逸脱しない範囲で、当事者において解釈補充することが日常的に行われていると思いますし、そこで合意された解釈は、登記官の意見を求めるまでもなく、原則として尊重されるべきであると考えます。

　次に、⑵信託の終了について、照会者Ｅは、「一般に信託は、信託法第163条各号に掲げる事由が生じた場合に終了する。本件信託の目的は、受託者を担保権者とする担保権を受託者をして管理、処分させることをもって、受益者の有する債権を担保させることである。本件不動産は、根抵当権が解除されることにより、信託財産ではなくなるので、信託法第163条１号に該当し、信託の目的不達成が確定したので、信託は終了する」との見解を述べています。

　しかしながら、本問の場合、信託財産の一部である対象不動産が信託財産でなくなっただけであり、信託そのものは依然として存続しており、信託が終了したとはいえません。信託が終了したのであれば、清算手続に入らなければなりません（信託法175条）が、複数ある信託財産の一部が信託財産でなくなっただけで信託が清算されることはありません。この場合には、信託が終了したからではなく、信託財産でなくなったことを原因として信託の登記が抹消されることとなると考えます。

第6 根抵当権設定の仮登記及び信託の仮登記の登録免許税

> **問6** 根抵当権設定仮登記及び信託の仮登記の申請は認められる（平24・4・26民二第1085号民事局第二課長通知）ところ、複数の不動産に当該仮登記を設定するに際して、2件目以降の信託の仮登記の登録免許税は、登録免許税法13条2項の適用を受けるものとして差し支えないでしょうか。〔照会者F〕

　根抵当権の設定の仮登記の登録免許税は、不動産1個につき1,000円（登録免許税法別表第1－（十二）ト）であり、信託の仮登記については、極度額の1,000分の1（登録免許税法別表第1－（十二）ホ⑵）です。照会者Fは、2件目以降の信託の仮登記の登録免許税につき、登録免許税法13条2項の適用を受けるものとして取り扱われるかを照会しています。

　共同担保の抵当権等の信託の仮登記の登録免許税に関する平20・10・28民二第2860号通達によれば、共同担保の抵当権等が移転した場合に関する昭43・10・14民事甲第3152号民事局長通達の取扱いに準じ、登録免許税法13条2項の規定により、2件目以降の追加で設定する抵当権の目的となる不動産等に関する権利の数1個について、1,500円となることとされています。

　本問の根抵当権設定仮登記の場合には、数個の不動産を目的とする根抵当権設定の仮登記及び信託の仮登記の申請について

は、債権の範囲が同一であっても、一の申請情報によって申請することは許されません（昭48・12・17民三第9170号民事局長回答）。したがって、その申請は不動産ごとにしなければならず、登記記録上、共同担保の登記は当該仮登記の本登記のときにされることになります。よって、本問の場合には、2件目以降の信託の仮登記の登録免許税は、前掲2860号通達と同様に扱うことはできず、本件各申請の信託の仮登記の登録免許税は、原則どおり極度額の1,000分の1の税率により算出しなければならないことになります。

　照会者Fは、この取扱いが前掲2860号通達の取扱いと比べ、著しく均衡を失するとし、登記原因を証する情報で共同担保物件であることが判断できる場合には、2860号通達と同様に、登録免許税法13条2項の規定を適用し、権利の数1個につき1,500円の定額課税とすべきであるとの意見を付しています。

　著者は、著しく均衡を失するか否か、すなわち適正な課税がされているかという問題は、税負担の公平性の問題であって、仮に著しく均衡を失すると認められるのであれば、それは登録免許税法の改正によって是正されるべき問題であると考えています。税制の不備を補うという理由で、現場の各登記官が登録免許税の運用を個々に行ってしまえば、税制への信頼は地に落ちることになってしまいます。根抵当権の仮登記が累積式しか認められていない以上、共同担保の概念は形式的に存在し得ないのであり、照会者Fの意見への考慮の余地はないと考えます。

第 9 章

信託と区分建物

一体化されていない区分建物にされた信託の登記

> 問1　区分建物とその敷地が一体化される前に、建物について信託の登記がされていた場合において、その後、敷地権の登記がされたときは、当該信託登記には「建物のみに関する」旨の付記登記がされますか。〔照会者Ａ〕

　区分建物とその敷地が一体化して敷地権の登記がされた場合、その後に建物についてされる所有権に関する登記は、原則として、敷地権について同一の登記原因による相当の登記としての効力を有します。ただし、所有権又は担保権に係る権利に関する登記であって、区分建物に関する敷地権の登記をする前に登記されたものは除かれます（不動産登記法73条1項1号）。また、1棟の建物を区分し、新たに敷地権付きの区分建物を登記した場合において、建物について所有権又は担保権に係る権利に関する登記があるときは、「所有権の登記」を除き、その権利に関する登記について付記登記によって「建物のみに関する」旨を記録することとされています（不動産登記規則123条1項）。

　照会者Ａは、上記規定と信託登記の関係について尋ねているようですが、区分建物とその敷地が一体化される前に、建物について信託の登記がされていた場合において、その後、敷地権の登記がされたときには、当該信託の登記の法定性質は、信託

法14条が、登記しなければ信託財産であることを第三者に対抗
することができないと規定していることに加え、所有権の登記
と同時にされた信託の登記が、「所有権に関する登記」に含ま
れるものと解されることから、「建物のみに関する」旨を付記
登記すべきと考えます。

第2 信託財産たる土地に区分建物が新築された場合

> 問2　信託の登記がされた土地上に、区分建物が新築され、当該区分建物も信託財産である場合には、区分建物にされた信託の登記は、一体化されますか。〔照会者B〕

　受託者が信託財産たる金銭で、更地の持分の一部を取得した場合には、当該土地の持分は信託財産となるので、当該土地には、持分一部移転登記及び信託の登記がされます。照会者Bによれば、その後、当該土地上に区分建物が新築され、当該区分建物も信託財産であるとのことです。この場合、受託者が区分建物の表題登記を申請すれば、信託財産である底地の持分について敷地権の登記がされます。その後、受託者は、当該区分建物に所有権の保存の登記及び信託財産処分による信託登記をすることになりますが、土地にされた当初の信託の登記は、受託者の有する土地の持分上にのみ存在するものであり、一体化されるものではありません。当該区分建物に信託財産処分による信託登記がされても、それは飽くまで区分建物を目的とするものであり、「建物のみに関する」旨が登記されることになります。

　土地信託の実務では、その後、受託者の持分以外の土地の持分についても、追加的に信託財産として、土地と建物の一体的な利用を図ることが多いですが、いずれの場合にも、建物の信

託登記については、「建物のみに関する登記」がされているこ
とから、登記記録上、土地と建物は一体化されていないことに
なります。

第3　区分建物を目的とする信託が別信託になった場合の信託の分割手続

> **問3**　区分建物を目的とする信託が別信託になったとして、信託の分割をする場合の登記申請手続は、どうすればよいのですか。〔照会者C〕

　区分建物を目的とする信託が別信託になったとして、信託の分割をする場合、当該区分建物が一体化されているのであれば、建物（専有部分）についてのみに、「信託分割により別信託となった旨の登記」「信託登記の抹消」「信託」の一連の登記をすれば足りますが、本問のように「建物のみに関する登記」がされている場合については、対応する土地の共有持分についても、「信託分割により別信託となった旨の登記」「信託登記の抹消」「信託」の一連の登記をしなければなりません（区分所有法22条1項、不動産登記法73条2項ただし書）。

第4 専有部分にされた信託の登記に、「建物のみに関する」旨が登記されている場合の所有権移転の手続

> 問4　専有部分にされた信託の登記に、「建物のみに関する」旨が登記されている場合の所有権移転の手続はどうすればよいのですか。〔照会者D〕

　更地であるＡ土地に都市再開発法による権利変換がされ、Ａ地につき土地共有者名義で所有権保存登記がされました。土地共有者の持分の中には信託銀行は信託財産を処分した対価として権利変換された土地の持分に相当する持分が含まれていることから、当該信託銀行の持分については、所有権保存の登記と同時に、「信託銀行持分（何分の何）信託財産の処分による信託」（信託目録第1号）の登記がされています。その後、Ａ土地上に区分建物が建築され、信託銀行には、専有部分の持分3分の1が割り当てられました。この場合、専有部分につき所有権の保存登記がされた後に「共有者　持分3分の2　○○信託銀行株式会社（受託者持分3分の2）」及び「○○信託銀行株式会社持分（3分の2）信託財産の処分による信託」（信託目録第2号）の登記がされます。また、この信託の登記は、土地の持分には及ばないので、「1番信託登記は建物のみに関する」旨の登記がされます。この場合の土地の持分上にされた信託と、専有部分の持分上にされた信託の登記は、信託目録番号こそ異な

れど、同一の信託行為に基づく信託の登記です。

　今、受託者が辞任したとして、新受託者への所有権移転の登記を申請するに当たり、相談者は、土地にされた信託登記が一体化前のものであることから、①所有権移転の登記の申請情報に区分建物の表示のほかに、敷地権の表示及び信託目録の表示をすべきか、あるいは、②専有部分と土地持分を別に表示すべきか疑義があるようです。

　この点、今回申請する所有権の移転の登記は、一体化した区分建物を対象とするものであるから、土地にされた信託登記が一体化前のものであることを考慮するまでもなく、②を考える余地は皆無といえます。今回、信託の登記及び信託目録を特定する必要性もないので、信託目録の表示も必要ないと考えます。

第5 信託登記のされた1棟の建物を敷地権付区分建物に変更する場合の信託目録

> **問5** 信託登記のされた1棟の建物を敷地権付区分建物に変更した場合には、信託目録はどうなるのでしょうか。
>
> 〔照会者E〕

　土地及び1棟の建物に信託の登記がされている場合において、当該1棟の建物を敷地権付区分建物に変更するときの信託目録の処理及び登記記録への記録はどうすべきかという照会です。

　土地及び1棟の建物には、同一内容の信託の登記がされているところ、1棟の建物を敷地権付区分建物に変更した後の当該敷地権付区分建物の各専有部分は、不動産登記規則176条2項の規定に基づき、登記官の職権にて、信託目録が作成され、信託登記に信託番号を変更する旨の職権付記がされます。この場合、従前の1棟の建物の信託目録については、登記記録とともに閉鎖されます。

　区分建物にされた信託の登記と、敷地権たる土地にされた信託の登記は、不動産登記法73条1項の規定及び46条の規定により、「敷地権である旨の登記をした土地の敷地権についてされた登記」としての効力は有していないので、土地の信託登記は敷地権の登記により抹消されることはなく、建物の信託登記には、「建物のみに関する」旨の職権付記登記が必要となります。

第 **10** 章

信託と都市再開発

信託の登記がされた更地上に新築した区分建物の権利変換

> 問1　信託の登記がされた更地上に新築した区分建物が権
> 利変換されました。当該区分建物の専有部分につき所有
> 権の移転登記を申請する場合に、土地の登記識別情報の
> 提供が必要でしょうか。〔照会者A〕

　信託の登記がされた更地上に信託財産である区分建物を新築
し、都市再開発法に基づき権利変換がされた場合には、所有権
の保存の登記と同時に信託の登記がされることになります。照
会者は、当該区分建物の専有部分につき所有権の移転登記を申
請するのですが、この場合、土地の登記識別情報の提供が必要
なのかという照会です。

　専有部分と敷地利用権が一体化されていない区分建物（敷地
権の表示のない区分建物）について、所有権の保存の登記を受
けた場合には、建物に関する登記識別情報が提供され、土地に
関する登記識別情報は提供されません。この場合において、所
有権の保存の登記後に専有部分と敷地権が一体化したときは、
当該登記名義人を登記義務者とする所有権の移転の登記の申請
情報には、建物の識別情報と土地の識別情報を提供しなければ
なりません。

　都市再開発事業における権利変換は、従前の土地または建物
に登記された権利関係を再開発事業によって整備された建物に

一括して帰属させる制度であり（土地再開発法87条2項、101条1項等）、本問では、敷地権付区分建物の特定の専有部分に帰属させることになります。再開発事業によって建築された区分建物は、一般には、権利変更期日の到来後、先に敷地についての権利変換の登記（従前の土地の表題登記の抹消、新たな土地の表題登記、所有権の保存の登記及び権利変換に伴う用益権及び担保権の権利移行の登記）を行い、建物の工事完了後、建物についての表題登記、所有権の保存の登記を受けた登記名義人は、登記記録上、土地と建物の所有権を各別に取得することになります。

　しかしながら、本問区分建物は、権利変換計画書において当初から敷地権付区分建物として建築するものとされ、専有部分と敷地権が一体化した区分建物を取得したことになるので、当該建物（敷地権の表示のされたもの）の登記識別情報を提供すれば、足りることになります。

　ところで、当該区分建物には、所有権の保存の登記に登記原因及びその日付が記録されるので、区分建物の登記名義人を義務者とする所有権の移転の登記の申請があった場合において、土地の登記識別情報が提供されていないときは、登記官は、建物の登記情報だけでは、当該区分建物が一般の区分建物なのか、再開発による区分建物なのかを知り得ることができません。この場合には、当該区分建物の敷地である土地の表題部に「年月日土地再開発法による権利変換」の登記があれば、当該区分建物は再開発によるものであることが分かります。

第 2　信託財産である区分建物への都市再開発法に基づく権利変換の登記

> **問 2**　専有部分に信託登記のされている敷地権付きの区分建物において都市再開発法に基づく権利変換がされ、都市再開発法90条 1 項に基づく当該権利変換の登記を申請するに当たり、添付情報である権利変換計画書に受託者乙の氏名住所が記録されている場合には、委託者甲の名義で所有権の保存の登記を申請し、信託を原因とする甲持分全部移転及び信託（登記義務者甲、登記権利者乙、申請人施行者）の登記の申請を他の登記申請と併せて一の申請情報によってすることで差し支えないでしょうか。
>
> 　また、今後、施設建築物の建築工事が完了した場合には、受託者が移設建築物の一部を取得することになり、同法101条 1 項に基づく登記が申請されることになりますが、同様の取扱いをすることとして差し支えないでしょうか。〔照会者Ｂ〕

　施行者は、権利変換期日後遅滞なく、施行地区内の土地につき、①従前の土地の表題部の登記の抹消、②新たな土地の表題登記、③建築敷地の所有権の保存の登記、④従前資産に担保権等がある場合に、③の共有持分に移行する担保権等の登記を同時に申請しなければなりません（都市再開発法90条 1 項、都市再開発による不動産登記に関する政令 6 条 2 項）。

　照会者は、施行者に帰属する区分建物の所有権の移転及び信託の登記がされた専有部分について、委託者名義で所有権の保存の登記を申請した後に、信託を原因とする委託者持分全部移転及び信託の登記の申請を、他の登記申請と併せて一の申請情報で申請することができるかということを照会しています。

　権利変換の登記は、全て認可を受けた権利変換計画書に記載された事項に基づいて登記されます。当該権利変換計画書には所有者として受託者の氏名が記載されているだけで、これが信託財産である旨の記載はありません。そうであれば、単純に所有者として受託者の氏名を登記して、その後、受託者が必要に応じて信託の登記を申請すれば足りるのではないかと思われます。

　もっとも、照会を受けた登記官は、「法務局では、従前の区分建物の所有権の移転及び信託の登記事項を新たな土地に移行する必要があるので、まず委託者名義で所有権の保存の登記をして、次に委託者の所有権持分を受託者に移転及び信託の登記を申請することになる」としています。そして、「この場合には、権利変換の各種登記が同時に申請されなければならないので、受託者への所有権の移転及び信託の登記も他の登記と同時に申請すべきである」と回答しています。そのような登記の申請が可能なのか疑問が残ります。

第 11 章

信託財産の処分

信託財産の処分につき受益者の指図を要する場合の受益者の承諾を証する情報の提供の要否

> **問 1** 信託財産の処分につき受益者の指図を要する場合には、受益者の承諾を証する情報の提供が必要でしょうか。〔照会者Ａ〕

　信託財産の処分権限は、信託行為中に具体的に定められることが多く、その内容は、信託目録に「信託財産の処分につき受益者の指図を要する」などと登記されることとなります。この場合において、受託者が信託財産を処分するためには、信託行為の定めに従った受益者の指図が必要になります。問題は、信託財産の処分による所有権の移転の登記及び信託の登記の抹消を申請するに当たり、当該受益者の指図があったこと、すなわち受益者の承諾を証する情報を提供しなければならないかという点です。

　受益者の承諾を証する情報を提供すべき根拠としては、それが不動産登記令7条1項5号ハに規定する「登記原因について第三者の許可、同意又は承諾を要するときは、当該第三者が許可し、同意し又は承諾したことを証する情報」に該当するものと考えられるところですが、同情報の提供を要するのは、登記原因が第三者の許可、同意又は承諾をもって成立要件（有効要件）とされている場合であり、例えば、売買契約等によって当

事者間で「ＡとＢが結婚したとき」「CAPレートが○％になったとき」などという制限を設けたとしても、これらは売買の成立要件ではなく、単なる条件になります。照会者Ａは、信託目録の記録に定められた内容についても、同じように登記手続上、単なる条件にすぎないと考えているようです。

　もっとも、売買契約等に条件を付した場合であっても、契約上、当該条件の成就は売買契約成立の要件となるので、条件の成就そのものが契約上無視されるわけではありません。上記例示の場合の条件の成就は、「ＡとＢが結婚したとき」「CAPレートが○％になったとき」といった客観的な事実の到来を指すものです。「ＡとＢが結婚したとき」とは、Ａ及びＢが本件売買を許可、同意、承諾するものではありませんし、「CAPレートが○％になったとき」にあっては、そもそも第三者に相当する者は存在しません。ここでは、売買契約等に付した条件の成就を客観的に認識すればよいのであって、登記原因を証する情報中に、売買契約が有効に成立し、所有権が移転した旨が具体的に記録されれば十分なのであり、「ＡとＢが結婚したとき」「CAPレートが○％になったとき」の条件が成就したことを第三者が別途証明する必要も、第三者が許可、同意、承諾する必要もないと考えられます。

　一方で、信託目録中の「信託財産の処分につき受益者の指図を要する」の定めは、信託契約の当事者でない受益者の指図、すなわち、第三者の許可、同意、承諾を要件としていることから、信託財産処分の成立要件となっていると考えられます。

　次に、照会者Ａは、不動産登記令７条１項５号ハに規定する

「登記原因について第三者の許可、同意又は承諾を要するときは、当該第三者が許可し、同意し又は承諾したことを証する情報」とは、不動産登記法、農地法、民法等の法令により許可、同意又は承諾が要件とされるものを指し、契約によって許可、同意又は承諾を要件とするものは含まれないと考え、信託契約によって定められたものについては、不動産登記令7条1項5号ハの承諾を証する情報の提供を求める必要はないと考えているるようです。しかしながら、不動産登記令7条1項5号ハは、文理上、許可、同意又は承諾を法定のものだけに限定しておらず、そのように解することには疑問があります。

　さらに、我が国の信託制度が受託者に完全権としての所有権ではなく、信託的な拘束に服するものとして債権的な制約を付与したこととの関係において、信託行為の特約を登記事項とし、登記官を含む第三者にこれを公示している趣旨からすれば、受益者は、物権変動の原因となる法律行為につき第三者の許可、同意、承諾をする立場であり、それが信託財産処分の成立要件となっていることからも、登記実務上、受益者の指図についての情報の提供が求められるべきと解されます。

第2 受益者の承諾を証する情報に代えて、登記原因を証する情報にその旨を記録することの可否

> 問2 信託目録に、「受託者は、受益者の承諾を得て、信託財産を管理処分することができる」旨の定めがある場合において、受託者が信託財産を第三者に売却し、所有権の移転の登記の申請をするときは、添付情報として受益者の承諾を証する情報を提供する必要がありますか。あるいは、登記原因を証する情報にその旨が記録されていればよいでしょうか。〔照会者B〕

　信託財産の処分に受益者の同意を必要とする場合に、受益者の承諾を証する情報に代えて、登記原因を証する情報にその旨を記録することが許されるでしょうか。

　本問の場合、受託者の処分権限は、信託行為で制限されており、受益者の承諾が必須となります。登記原因について第三者の許可、同意又は承諾を要するときは、申請情報に当該第三者が許可し、同意し、又は承諾したことを証する情報を添付しなければならないところ、本問の場合には、受益者の承諾を証する情報が必要となります（不動産登記令7条1項5号ハ）。この情報が書面による場合には、当該文書作成者が記名押印し、印鑑証明書を添付しなければなりません（不動産登記令19条1項、2項）。

照会者Bは、受益者の承諾を証する情報に代えて、登記原因を証する情報にその旨を記録すれば足りるとの見解ですが、それが、登記原因を証する情報と題する承諾書（すなわち、受益者の作成に係る文書で、受益者本人の印鑑証明書の添付がされている）であれば、実質的に不動産登記令7条1項5号ハの要件を満たすこととなると考えますが、作成名義が受益者でない場合であって、受益者の印鑑証明書の添付がないものであるときには、提供された登記原因を証する情報に承諾の文言があったとしても、当該情報は不動産登記令7条1項5号ハの要件を満たすものではないので、相当とは思われません。

第3 受託者が信託財産の帰属権利者に指定されている場合

> **問3** 受託者が信託財産の帰属権利者に指定されている場合の登記手続は、どうなりますか。この場合、受託者には登記識別情報は通知されますか。〔照会者C〕

本問の場合、受託者の固有財産となった旨の登記及び信託の登記の抹消を申請することになります。受託者の固有財産となった旨の登記は、帰属権利者である受託者に残余財産である信託財産が帰属し、信託財産であった不動産は、以後、受託者の固有財産となります。この登記の申請は、登記権利者を受託者、登記義務者を受益者とする共同申請になります（不動産登記法104条の2第2項）。この登記の形態について、所有権の移転によるべきとの考え方があるようですが、妥当とは思われません（注1）。

これらの見解は、「同一人であっても立場が異なるので「所有権の移転」の登記でなければ、申請を受け付けることができない」とするもので、要は、甲から甲への所有権登記、すなわち、甲から甲への民法177条の物権変動の登記が認められるという見解になります。

もともとこの論点は、我が国の不動産登記制度が信託による物権変動をどのように公示するかという登記政策上の論点といえます。信託制度が日本に輸入された当時、実質的法主体説が

優勢であったとすれば、甲から甲への所有権の移転を認めるという公示も採り得たかも知れません。しかしながら、現実には、当時の通説であった債権説が登記実務にも採用され、「物権的効力によって財産権は完全に受託者である甲に移転する」と整理された結果、信託は「債権的な制約」であると位置付けられました。これによって、現在でも信託の登記は、「所有権の移転の登記（民法177条）」と「信託の登記（信託法14条）」に分解され、公示されることとなったのは周知のとおりです。著者は、本問の事例で信託が終了した場合には、不動産登記法の規定に従い、既にされている「所有権の移転の登記（民法177条）」の登記事項が変更という形で整理されるとともに、「信託の登記（信託法14条）」が抹消されることになると考えており、本問の場合には、所有権の移転の登記及び信託の登記の抹消ではなく、受託者の固有財産となった旨の登記及び信託の登記の抹消がされると理解しています。

　付言すれば、著者は、この旧法から引き継がれた登記の基本構造は、新信託法及び新不動産登記法下においても何ら変わることはなく、新信託法が債権説に依拠して立案された経緯などを踏まえれば、不動産登記制度の物権変動における債権説の優位性は、より堅固になったとも考えています。

　照会者から登記原因についての具体的な言及がないことから、登記原因の検討はできません。本問の申請の場合、登記権利者と登記義務者が同一人となりますが、共同申請の形式となり、登記義務者の印鑑証明書の添付が必要となります（不動産登記令16条、不動産登記規則47条3号ハ参照）。また、登記義務者

である受益者には登記識別情報は通知されていないので、添付することはできません。したがって、登記識別情報の提供は不要と思われます。

　不動産登記事務取扱手続準則37条1項4号は、登記識別情報の通知は、登記名義人の氏名又は名称及び住所を明らかにすることとされています。また、不動産登記情報システムでは、登記識別情報通知の【登記名義人】欄に、登記記録中の登記名義人項目の住所及び氏名の記載がないと登記識別情報の通知ができないのですが、信託財産を受託者の固有財産とした場合、受託者が1人（この場合、氏名住所を記載する必要がある）であっても、複数であっても、持分管理そのものは正しく行われており、登記識別情報の通知はいずれの場合も可能と考えられます。

　受託者については、既に登記識別情報が通知されていますが、それは、信託法の制約を受ける所有権であり、今回の登記によって初めて、制約のない所有権が登記されることになります。また、受益者が1人か複数かによって、登記識別情報が通知されたり、されなかったりすることは不合理です。このような理由から、登記識別情報は、通知されるべきと考えられます。

　登録免許税については、「受託者の固有財産となった旨の登記」をどのように考えるかによって、解釈が分かれます。登記の形態だけに着目すれば、権利の変更の登記であり、登録免許税法別表第1一（十四）が適用され、不動産1個につき1,000円の定額となるのですが、登記先例では、登録免許税法別表第

１－（二）ハが適用され、不動産価額の1,000分の20の税率によることとされています（昭41・12・13民事甲第3615号民事局長電報回答）。この先例については、これまで、「通常の所有権の移転に変更する登記であり、その実質は権利の変更ではなく、所有権の移転である」との説明がされてきましたが、著者は、「受託者の固有財産となった旨の登記」には、甲から甲への所有権の移転の実質はないと思っています。しかし、信託財産という制約付きの所有権から、制約のない完全権としての所有権に所有権の範囲が拡大されたという意味では、「通常の所有権の移転に変更する登記」の性質を持ち合わせていることは否定できず、やはり、その実質は、「権利の変更」であり、そうであれば、権利の変更の登記として、不動産１個につき1,000円の定額となりそうなのですが、それでは、登録免許税の徴収漏れという重大な抜け穴ができてしまいます。

　つまり、受託者甲は、信託の登記と同時に所有権の登記を受けた時点で、本来所有権の登記を受けるのに必要とされる登録免許税の納付を登録免許税法７条の規定により免税されています。ここで所有権の移転の登記が非課税とされる趣旨は、当該所有権の移転の登記が信託の目的を達成するための形式的なものと評価されるからであり、信託の終了により、前登記名義人である委託者及びその承継人に完全権としての所有権が復帰したり、第三者に完全権としての所有権が移転することが想定されているからであり、受託者が信託終了後もそのままの所有権を公示し続けることは予定されていなかったと考えます。本問の場合、登録免許税法別表第１－（十四）を適用すると、甲

は、信託の受託者であったことを奇貨として、結果的に1,000円で完全権としての所有権の移転の登記を受けたこととなり、これでは、登録免許税の適正な徴収の観点から問題があるといわざるを得ません。著者は、このような弊害が生じないように、前掲昭和41年先例によって、登録免許税法の解釈基準が明定されたものと理解しています。

　付記登記にもかかわらず、所有権の移転の登記の税率を徴収する登記実例としては、所有権の移転の登記原因を贈与から売買に更正する登記や、移転する持分を更正する登記がありましたが、前掲昭和41年先例の趣旨は、むしろこのような実例の考え方に近いものであり、「所有権の移転の実質」という説明は、若干、分かりにくかったのではないかと考えています。

《注》

1　川田光子「信託の終了に伴い、受託者が帰属権利者として残余財産を取得する場合の登記についての考察」（信託フォーラム14号34頁）。ただし、ここでは、そのような見解を示す登記官がいるという紹介がされるにとどまっている。山崎芳乃「続々・民事信託実務入門講座第 6 回民事信託の登記」（登記情報686号43頁）も同様である。

第 **4** 信託期間中に受益者に信託財産を処分することの可否

> **問 4** 信託期間中に受託者が受益者との間で第三者のための売買契約を締結し、受益者に信託財産を処分することは可能でしょうか。〔照会者D〕

　照会者Dは、信託期間中に受託者が受益者との間で第三者のための売買契約を締結し、受益者に信託財産を処分する信託スキームとなるが、登記原因を証する情報に「指図した受益者と契約上の買主」としての記載があることと登記原因を証する情報に同一人を買主及び受益者とする記載があることを問題としているようです。

　信託行為で受託者が受益者に信託財産を処分することが認められているのであれば、当該売買契約を締結することは可能であろうし、売買契約の内容が、第三者のための契約であったとしても、信託行為をもって許容している限り、直ちに違法なものにはならないと思われます。したがって、登記原因を証する情報に指図した受益者と契約上の買主としての記載があったとしても、それが信託行為に合致するものであれば、問題となることはないと考えます。

第 12 章

金銭信託財産の処分による信託の登記

所有権保存の登記及び持分の一部についてする信託財産の処分による信託の登記

> **問1**　土地信託の受託者甲が、当該土地上に、自己の固有財産（10分の7）、信託財産（10分の3）の資金割合で建物を新築した場合の登記手続はどのようにすればよいのでしょうか。〔照会者Ａ〕

　信託財産には物上代位性があるので、信託財産である金銭をもって建物を建築した場合には、信託財産が金銭から建物に変形したことになり、当該建物は新たな信託財産となります。本問の場合、金銭により信託した信託財産の部分は、建物所有権の全体の10分の3であり、残り10分の7については、信託外の財産、すなわち、受託者甲の固有財産ということのようです。

　この場合、建物の表題登記は、甲の単独名義ですることとなります。これは、建物の表題登記の段階では、まだ、甲が固有財産の部分と信託財産の部分を併有していることを公示する術（信託の登記をする余地）がないからで、表題部の所有者欄に、「甲持分10分の7、甲持分10分の3」の記録をすることは妥当ではありません。

　もっとも、受託者に属する特定の財産の共有持分が信託財産と固有財産とに属することを公示する必要がある（信託法19条）ことから、所有権の保存の登記の申請と同時に、その持分の一部につき、信託の登記をすることが認められます（不動産登記

法98条１項)。

　この場合の登記記録例は、以下のとおりです。

| 1 | 所有権保存 | 何年何月何日
第何号 | 所有者　甲 |
| | 甲持分10分の３の信託財産処分による信託 | 余白 | 信託目録第何号 |

　なお、参考までに、上記の事例で、土地信託の受託者甲が、当該土地上に、別信託である㋐信託財産（10分の７）、㋑信託財産（10分の３）の資金割合で建物を信託した場合の記録例は、以下のとおりです。

1	所有権保存	何年何月何日 第何号	所有者　甲
	甲持分10分の７の信託財産処分による信託	余白	信託目録第１号
	甲持分10分の３の信託財産処分による信託	余白	信託目録第２号

所有権保存の登記及び信託財産の処分に
よる信託の登記を申請するに当たり、
「建物の建築につき受益者の承認が必要
である」旨の信託目録の記録の定めがあ
る場合

> 問2　信託行為に「建物の建築につき受益者の承認が必要
> である」旨の定めがある場合に、所有権保存の登記及び
> 信託財産の処分による信託の登記の申請情報に、受益者
> の承諾を証する情報が必要となりますか。あるいは、添
> 付する登記原因を証する情報に、受益者の承認を得て建
> 築した旨を記録する必要はありますか。〔照会者B〕

　登記手続上、受益者の承諾が必要となるのは、登記原因につ
き第三者の許可、同意又は承諾を要する場合です（不動産登記
令7条1項5号ハ）。申請される登記は、所有権保存の登記及び
信託財産の処分による信託の登記であり、所有権保存の登記に
関しては、保存行為であり、登記原因は存在しません。信託の
登記に関しても、信託財産を公示するものであり、登記原因に
相当するものは存在しないことから、受益者の承諾を証する情
報を検討する余地はないと考えられます。実質的にも、建物を
建築することについて受益者の承諾が求められるのは、信託財
産である建物を建築する前であり、既に表題登記がされている
段階において、仮に受益者が建物の建築を承認しなかったとし

ても、所有権保存の登記及び信託の登記をすることは可能です。また、不動産登記令7条1項6号に定める申請情報と併せて提供しなければならない情報にも該当しないことから、検討の余地はないと考えます。

　次に、添付する登記原因を証する情報に受益者の承認を得て建築した旨の記載をする必要があるのかという点ですが、上述したとおり、既に表題登記がされている現時点において、受益者が建物の建築を承認したか否かは、直接的な登記原因の発生とは無関係な事柄であり、この場合も所有権保存の登記及び信託の登記の承諾との関連性はないと考えられます。

受託者が信託財産である金銭をもって地上権を設定した場合の地上権設定及び信託財産処分による信託

> **問3**　別紙のとおり、地上権設定及び信託財産処分による信託の登記が可能でしょうか。〔照会者C〕

　本事例は、照会書に「別紙のとおり、地上権設定及び信託財産処分による信託登記が可能でしょうか」とあるだけで、具体的な疑問点や意見については、触れられていません。近時、このような事前審査と思われる照会や、登記官側に問題点を探させる内容の照会が増加傾向にあります。著者の経験では、このような照会に限って、登記申請時に、申請情報に「何月何日相談済み」などと記載し、審査で補正箇所が明らかになっても、「事前相談済みであり、補正には応じられない」等の対応がされることがあります。照会制度が資格者代理人による責任回避の道具にされている現状があるとすれば、今後の登記相談の在り方について、見直しが必要であると考えています。

別紙（参考）

【登記原因を証する情報】
○○法務局　御中
下記登記原因のとおり相違ありません。
（登記義務者）名古屋市○○○　乙株式会社　代表取締役　　○○○
1　　登記申請情報の要項
(1)　登記の目的　地上権設定及び信託財産の処分による信託登記

(2) 登記の原因　何年何月何日設定
(3) 目的　建物の所有その管理及び運営
(4) 存続期間　○年
(5) 地代　後記不動産の表示に記載のとおり
(6) 支払時期　後記不動産の表示に記載のとおり
(7) 当事者　地上権者（権利者）東京都○○
　　　　　　　（信託登記申請人）A信託株式会社
　　　　　　　設定者（義務者）名古屋市○○○乙株式会社
(8) 不動産　○区○町何丁目○番○号の土地
　　（地代　1月金何円　支払時期何年何月何日240月間の地代何円
　　一括前払い）
2　登記の原因となる事実又は法律行為
(1) 受託者A信託株式会社と、委託者C株式会社及びDリース株
　　式会社は、当初受託者Cは委託者Cとする、当初受益者Dは委
　　託者Dとする何年何月何日単独運用指定金銭信託契約（契約番
　　号○○○○○）の後記「信託目録に記載すべき情報」を内容と
　　する金銭信託契約を締結した。
(2) 上記契約に基づき、何年何月何日委託者C株式会社（当初信
　　託金額金何円）及び委託者Dリース株式会社（当初信託金額金
　　何円）をそれぞれ金銭信託して、受益権C及び受益権Dを取得
　　した。
(3) 受託者A信託株式会社は、信託契約に定める目的の一つであ
　　る本件土地地上権を取得するために、受託者兼地上権者として
　　何年何月何日地上権設定者乙との間で上記内容の本件地上権設
　　定契約を締結し、何年何月何日受益者Cの承認を得て信託財産
　　（金銭）を処分して、地代発生期間240月間の地代を一括前払い
　　した。なお、何年何月何日地上権を設定し、信託財産とした。
【信託目録に記載すべき情報】
委託者に関する事項
　　　C株式会社
　　　Dリース株式会社
受託者に関する事項
　　　A信託株式会社
受益者に関する事項
　　　C株式会社

Dリース株式会社

信託目録の記録

信託の目的

　本信託は、本信託契約の規定に従い、本件土地に係る地上権を取得し、建物を本契約に定めるとおりに建築し、竣工後、本件建物に係る所有権保存の登記を行い、信託財産として本件地上権及び本件建物を管理・運用・処分することを目的とする。

信託財産の管理方法

1　受託者は、本信託の目的を達成するため、本信託契約に規定するところにより本信託の管理又は運営を行う。

2　受託者は、本信託契約で別途定めのない限り、受益者C（受託者の書面による同意に基づき指図代理人を指名することができる、受益者Cが指図代理人を指名したときは受益者Cの指図及び承認は、指図代理人が行使する。）の指図又は承認があった場合はそれに従い、信託財産の管理・運用・処分を行う。

3　前項の規定にかかわらず、本信託契約に従い、受益者C又は指図代理人が、本信託契約の条項に定める事項について受託者に対して指図又は承認をする場合、受益者C又は指図代理人が、事前に受益者Dの書面による承認を取得しなければならない。ただし、本信託契約の条項に定める事項に該当する場合であっても、受益者Dの投資判断に悪影響を与えないと受益者Cが客観的かつ合理的に判断する場合は、受益者Dの承認は不要とする。

4　受託者は、本信託の目的を達成するため、受益者Cの承認を得て、信託事務処理に必要な資金の借入れを行うことができるものとする。借入れにより受託者が負担する債務に係る債権を被担保債権として、信託財産に抵当権、質権その他の担保権を設定することができる。

信託終了の事由

　本信託の信託期間は、本信託契約締結日から何年何月何日までとする。

　ただし、当初信託期間満了日の3月前までに受益者が受託者に書面により通知した場合、受託者及び受益者にて協議の上、本信託の信託期間は最長で3年間延長されるものとする。

　本信託は、信託終了日が到来する場合のほか、以下の各号に該当

する場合に限り終了する。

(1) 信託費用が信託財産（留保金を含む。）に属する余剰金銭から支弁できないときは、受託者は、当該不足額を、受益者に通知し、受益者は当該不足額を追加信託することができるものとする。この場合、通知受領の日から1月以内に通知された金額の支払が行われない場合、受託者は、受益者に通知の上、本信託を終了することができる。

(2) 全ての委託者及び受益者が共同で本契約終了の旨を受託者に書面により通知した場合。

(3) 法令等（税法を含む。）の変更等により、委託者及び受益者において本信託の継続が受益者の利益に反するとして、全ての委託者及び受益者が共同でその旨を受託者に書面により通知した場合。

(4) 経済情勢の変化その他やむを得ない事由により、信託目的の達成又は信託事務の遂行が不可能若しくは著しく困難となったと全ての委託者及び受益者が共同で合理的に判断した場合。

(5) 受託者による本契約上の重大な義務違反があった場合において、受益者が本契約の終了を受託者に書面により通知した場合。

その他の信託条項

1 本信託の受益権は、受益権Cと受益権Dの2種類とし、当初の受益権Cの受益者（「受益者C」という。）は委託者Cとし、当初の受益権Dの受益者（「受益者D」という。）は委託者Dとする。

2 受託者は、受益者より請求があった場合、本契約に基づく受益権を証するための受益権証書（本証書は、信託法第185条に規定する受益証券としない。）を作成し、当該受益者に交付する。本信託の受益権の分割若しくは併合が行われた場合又は信託金割合に変動が生じた場合には、受託者は旧受益権証書を回収の上、新受益権証書を受益者に対して交付するものとする。

3 前項に基づき受益権証書の交付を受けた受益者は、信託終了時又は受益権譲渡時に、当該受益権に係る受益権証書を受託者に返還するものとする。

4 本信託の受益権は、受託者及び他の受益者の書面による承認のない限り、第三者への譲渡、質入れ、譲渡担保等の担保設定、分割又は併合することができない。

5 　前項に基づく承認を得て受益権の譲渡がなされた場合、譲渡人は、譲受人に、本信託契約に基づく受益者の地位並びに権利及び義務を承継させるものとする。また、委託者の地位並びに権利及び義務（当初委託者固有の権利及び義務を除く。）は、受益権に伴って譲渡されるものとし、受益権又は委託者の地位並びに権利及び義務（当初委託者固有の権利及び義務を除く。）の一方又は一部のみを譲渡することはできないものとする。

6 　本信託が終了した場合は、受託者は、信託契約の定めるところに従い、信託財産を、受益権証書（交付している場合に限る。）と引換えに、受益者に交付するものとする。なお、受託者は、金銭以外の信託財産について、受益者の指図に従い、実務上可能な範囲で換価努力を行う。かかる換価が行い得ない場合又は受益者Ｃが現物交付の指図を行う場合には、受託者は、受益者Ｃに対し現状有姿にて現物交付を行うものとする。

第4 金銭信託債権を被担保債権とする抵当権設定契約がされた場合の信託登記の可否

> **問4** 委託者（丙）は、丙が乙に貸し付けた債権（無担保）を信託財産として受託者（甲）に譲渡する信託契約を締結しました。本信託契約に「甲は、信託財産を被担保債権とする抵当権を設定することができる」旨の定めがあることから、甲（抵当権者）は、乙（設定者）の所有する不動産に抵当権を設定する契約をしました。当該抵当権の設定の登記を申請することができるでしょうか。
> 〔照会者Ｄ〕

　照会者Ｄは債権譲渡を受けた無担保債権を被担保債権とする抵当権設定の登記を申請することに疑義があったようですが、登記官の疑問は、信託の登記を同時申請しなくてよいのかという点にありました。すなわち、債権者丙と債務者乙との間で金銭消費貸借を設定し、債権者丙が取得した金銭債権を甲に信託的に譲渡し、甲が信託財産の管理処分権限に基づき、乙との間で、当該金銭債権を被担保債権とする抵当権設定契約を締結した場合には、当該抵当権そのものが信託財産となるので、抵当権設定の登記と信託（財産の処分）の登記を同時に申請しなければなりません。

　なお、本問の事例は、委託者丙が金銭の貸付けを行い、当該債権が信託財産となっている場合ですが、例えば、委託者丙が

金銭そのものを受託者甲に信託して、その資金運用として、第三者に金銭を貸し付け、担保権を設定する場合も考えられるところ、そのような場合も、当該担保権は信託財産を構成するので、担保権設定の登記と信託（財産の処分）の登記を同時に申請しなければならないことになります。

照会者Dに確認したところ、当該抵当権そのものが信託財産となり、信託の登記を同時に申請しなければいけないという認識が欠如していたようで、登記官からの指摘を受けなければ、結果的に不当な登記申請がされていたかも知れませんでした。

第5 金銭信託財産を処分して抵当権の被担保債権を取得した場合にする抵当権移転及び信託財産の処分による信託登記

> **問5** 金銭信託（委託者丁）の受託者である甲は、当該信託財産を処分し、乙が丙に対し有していた抵当権付きの金銭債権を取得しました。この場合の乙から甲への抵当権移転の登記及び甲が単独で行う信託財産の処分による信託の登記原因を証する情報は、別紙のとおりでよいでしょうか。〔照会者E〕

別紙（参考）

登記原因を証する情報（案）
1 登記申請情報の要項
 (1) 登記の目的　抵当権移転及び信託財産の処分による信託
 (2) 移転すべき登記　何年何月何日第何号
 (3) 登記の原因　何年何月何日債権譲渡
 (4) 当事者　権利者（信託登記申請人）　甲
 　　　　　　義務者　乙
 (5) 不動産　省略
2 登記の原因となる事実又は法律行為
 (1) 金銭消費貸借の締結
 　債務者丙は、乙との間で、次のとおり金銭消費貸借を締結し、乙は丙に対し、本契約に基づく金銭を貸し渡した。
 　何年何月何日金銭消費貸借／債権額　金何万円／利息何％／損害金　何％／債務者　丙／債権者　乙
 (2) 抵当権設定契約
 　登記義務者丙は、乙との間で次のとおり(1)の債権を被担

79

保債権とする抵当権を本件不動産に設定する旨を約し、その登記を経由した。

　　登記の目的　抵当権設定／登記の原因　何年何月何日金銭消費貸借何年何月何日設定／抵当権者　乙／何法務局何年何月何日受付第何号登記済み

(3)　債権譲渡

　　乙は、甲に対し、何年何月何日、本件抵当権の被担保債権を譲渡し、甲はこれを譲り受けた。

(4)　債権譲渡に係る対抗要件

　　乙及び甲は、本件抵当権の被担保債権の乙から甲への譲渡につき、何年何月何日、債務者への通知を行った。

(5)　抵当権の移転

　　よって本件抵当権は、何年何月何日、債権譲渡を原因として、乙から甲に移転した。

(6)　信託財産の処分による信託

なお、本件抵当権の被担保債権譲受人たる甲は、委託者丁との間で締結された「何年何月何日付け信託契約（特定金外信託）」（信託契約内容は省略）に基づき、上記(3)の債権譲渡契約を締結の上、当該信託財産である金銭から売買代金を支払った。よって、何年何月何日、本件抵当権は、前記信託契約（特定金外信託）の目的である信託財産に帰属した。

何年何月何日　何法務局　御中

　上記登記原因のとおり相違ありません。
　　　　権利者（信託登記申請人）甲
　　　　義務者　　　　　　　　　乙

　照会者Ｅは、登記原因を証する情報（案）を示した上で、抵当権移転の登記が可能であるかを照会しており、事前審査を求める趣旨のようです。

　抵当権の移転は、登記権利者を受託者、登記義務者を原抵当権者とする共同申請で、登記の原因は、何年何月何日債権譲渡となります。信託の登記は、「信託財産の処分」であり、これ

は、受託者の単独申請となります。

信託財産の処分による賃借権設定及び信託登記の可否

> 問6　金銭信託財産を処分して賃借権を設定した場合、信託財産の処分による賃借権設定及び信託登記は可能でしょうか。その場合の登記原因は、「年月日設定」でよいでしょうか。〔照会者Ｆ〕

　賃借権を信託財産とすることが可能かを問う趣旨であれば、賃借権が移転可能であり、かつ対抗力を具備できるものであれば、問題とすることはないと考えます。

第 13 章

セキュリティトラスト

第 **1** 　　根抵当権設定信託の登記事例

　根抵当権のセキュリティトラストが登記実務との関係で、多くの未解決の問題を内在していることは、拙著（『信託に関する登記〔最新第2版〕』（テイハン、2016年））320頁以下でも記述しています。もっとも、登記実務は、平24・4・26民二第1084号回答通達において、三位一体の法律関係が維持される限り、根抵当権のセキュリティトラストが有効に成立するとの立場を表明しており、今後は、信託業実務がどのようなルールを作り、運用を図るのかという点が大きな関心事になっています。

　ここでは、根抵当権のセキュリティトラストの契約内容を理解していただくために、参考までに最近の根抵当権のセキュリティトラストの登記事例を掲載します。信託目録への記録事項としては、著者は、「第4章　信託目録（ほかの章で扱うものを除く）」で詳述したように、信託契約の内容を闇雲に登記すべきではなく、登記が必須とされる事項及び後続の登記を申請する場合に必要とされる事項を選定し、明瞭かつ簡潔な文言にアレンジする必要があると考えています。

　信託目録の作成に当たっては、これまでの解説も参考にしながら、その内容をご検討ください。

【登記原因を証する情報】

```
1　登記申請情報の概要
　(1)　登記の目的　根抵当権設定及び信託
　(2)　登記の原因　何年何月何日信託
```

　(3)　受託者　　A信託銀行株式会社
　(4)　委託者　　B
　(5)　不動産の表示　　省略
　(6)　信託目録に記録すべき情報　　後記信託目録のとおり
2　登記の原因となる事実及び法律行為
　(1)　根抵当権の設定及び信託
　　　　受託者A信託銀行株式会社と委託者Bは、何年何月何日、受
　　益者のために本件不動産の上に、累積式として、下記根抵当権
　　の内容及び後記信託目録のとおり、根抵当権を設定する方法に
　　より信託設定した。
　　　根抵当権の内容
　　　　　極度額　　金〇〇円
　　　　　被担保債権の範囲　　当座貸越取引
　　　　　債務者　　B
　　　　　確定期日　　定めない
　(2)　受益者について
　　　　上記(1)の根抵当権信託設定に係る契約において、根抵当権の
　　担保すべき債権の範囲たる当座貸越取引における貸主、個別債
　　権の債権者及び根抵当権の受益者の三者が一体となる関係が維
　　持されている旨、規定されている。よって、本件被担保債権及
　　び貸主たる地位が譲渡された場合、本件被担保債権及び貸主た
　　る地位とともに、根抵当権信託の受益権も、本件被担保債権及
　　び貸主たる地位の譲受人とともに移転することとなる。
　(3)　受益者を定める方法
　　　　受益者の表記については、個々の具体的な受益者の名称及び
　　住所を記載する方法によらず、不動産登記法第97条１項２号に
　　よる「受益者を定める方法の定め」によるものとし、具体的に
　　は、後記信託目録の「受益者に関する事項等」のとおりとする。
何年何月何日　　何法務局　　御中

　上記の登記原因のとおり相違ありません。
　　(委託者)　　　　　　　B　印
【信託目録】
1　委託者に関する事項　　　B
2　受託者に関する事項　　　A信託銀行株式会社

3 受益者に関する事項等

受益者　その時々における⑴債務者との間の当座貸越取引に基づき、債務者に対する債権を有する者（債権譲渡により債務者との間の当座貸越取引に基づく債権を譲り受けた者を含む。）、⑵債務者との間の当座貸越取引において貸主としての地位を有する者（地位譲渡により地位を譲り受けた者を含む。）とする（以下「本件貸付人」という。）。

4 信託の目的

本信託は、本件被担保債権を担保するため、委託者が保有する財産又は権利について、受託者を担保権者とする担保権を、何年何月何日付け担保権信託契約書（以下「本契約」という。）に定める方式及び条件に従い、受託者をして管理し、処分させ、もって、受益者の有する本件被担保債権を担保せしめることを信託の目的とする。

5 信託財産の管理方法

⑴ 責任財産の限定

受託者が本契約に基づき、委託者、受益者又は本契約に定義されるエージェント（ただし本契約の規定に基づきエージェントが選定されるまでは、当初受益者とする。以下同じ。）に対して負担する債務は、本信託の信託財産に属する財産のみをもってその履行の責任を負担するものとし、受託者の固有財産及び他の信託財産には及ばないものとする。

⑵ 競合行為

受託者は、以下の行為については、受託者の銀行勘定又は受託者の利害関係人の計算で行うことができるものとする。

① 委託者に対する貸付債権を取得すること。

② 委託者に対する貸付債権につき、管理及び回収のために必要な行為を行うこと。

③ 委託者に対する貸付債権につき、委託者が保有する財産又は権利に対して担保権を設定すること並びに当該担保権を管理及び実行すること。

④ 当該行為の目的や態様、当該行為が信託財産に与える影響、受託者と受益者との実質的な利害関係の状況、当該行為に至る経緯等を総合的に勘案して、かかる行為を本契約に基づく信託事務の処理として行わないことが受益者の利益に反する

ものとはいえない行為。

(3) 信託事務の内容

　受託者は、本件担保権の管理及び実行に関する事務、その他本契約に別途定める事務及びかかる事務に付随又は関連する事務を行うものとする。ただし、以下に掲げる事務は、受託者が行うべき事務には含まれないものとする。

① エージェントの指図に従って信託事務を遂行する場合において、当該指図の合理性や、当該指図に従った場合の結果について、独自の検証を行うこと。

② 本契約に基づき委託者から受領した本件担保権又は本件担保目的物に関する報告書その他の書面の正確性及び真実性について、独自の検証を行うこと。

③ 本担保目的物の担保価値を算定すること。

④ 本件担保権又は本件担保目的物に対する侵害又は価値の毀損等がないか、独自に調査を行うこと。

⑤ 本件担保権に優先する又は劣後する担保権その他の権利が存在しないか、独自に調査を行うこと。

⑥ 本件担保権又は本件担保目的物に対する侵害について、物権的請求権を行使すること（ただし、エージェントの指図があり、かつ当該権利行使に係る受託者の費用全額の償還が合理的に見込まれる場合を除く。）。

⑦ 本件対象不動産における実地調査を行うこと。

⑧ 期限の利益喪失事由の発生又は本件被担保債権に係る期限の利益の喪失の有無について独自の検証を行うこと。

⑨ 委託者による表明及び保証の真実性並びに委託者の本契約上の義務違反の有無について、独自の検証を行うこと。

⑩ 委託者に破産法、民事再生法、会社更生法、会社法第2編第9章第2節、その他債権者の権利一般に影響を及ぼす債務者の倒産等に関して適用される法令等に基づく倒産手続が開始した場合、当該倒産手続において、債権者としての権利行使及び義務の履行を行うこと。

(4) 元本の確定

　各本件担保権に係る元本の確定事由は、次の各号に定める事由とする。

① 本件被担保債権につき、委託者が期限の利益を喪失した場

合。
② 委託者が本件担保権に係る元本の確定請求を行った場合。
③ エージェントの指図に従い、受託者が本件担保権に係る元本の確定請求を行った場合。

(5) 本件担保権の実行

委託者が本件被担保債権につき期限の利益を喪失し又は弁済期限を徒過した場合には、受託者は、エージェントの指図に従い、本件根抵当権の全部又は一部の実行として、法定の実行方法によるほか、委託者への通知及び裁判所の許可の取得をすることなく、本件不動産をⅰ適当な方法、時期、価格等により処分し、又はⅱ適当な方法、時期、価格等により評価の上、全部若しくは一部の受益者をしてこれを取得せしめ（ただし、ⅰ及びⅱいずれの方法も、法令等で許容される場合に限る。）、その取得金又は評価金を、本契約に従い、本件被担保債権の弁済に充当することができる。

(6) 本件担保権の実行時における信託財産の交付

① 受託者は、本件担保権の実行後、本件担保権に係る担保権者としての地位に基づき、売却代金の配当若しくは弁済金又は任意売却による取得金（以下「配当金等」という。）の交付を受けるものとする。

② 受託者が配当金等を受領することにより、当該配当金等は、当然に本件被担保債権の弁済に充当され、本件被担保債権は当該配当金等の範囲で消滅する（なお、各本件貸付人間での充当割合については、受益者被担保債権割合（各受益者につき、その時々における、本件被担保債権のうちの未払元本金額の合計額に対する、当該受益者の本件被担保債権のうちの未払元本金額の割合をいう。ただし、本件被担保債権の完済後においては、本件被担保債権の完済の直前における、被担保債権のうちの未払元本金額の合計額に対する、当該受益者の本件被担保債権のうちの未払元本金額の割合をいう。）に応じる。）ものとする。ただし、適当な方法、時期、価格等により本件対象不動産を評価して、全部又は一部の受益者をしてこれを取得せしめる方法により本件根抵当権の実行を行った場合には、当該受益者が本件対象不動産を取得したことにより、当該評価額につき本件被担保債権の弁済がなされ

たものとみなし、本件被担保債権は当該評価額の範囲で当然
に消滅するものとする。

(7) 担保権の解除

Ⅰ 委託者は、以下に定める条件を全て充足する場合には、本
件対象不動産（以下「担保解除対象不動産」という。）に対
する本件根抵当権につき、解除を希望する日（以下「希望担
保解除日」という。）における解除を申し出ることができる
ものとし、かかる申出がなされ、受託者がエージェントから
担保解除に反対する旨の通知を受領しなかった場合には、担
保解除対象不動産に対する本件根抵当権は、希望担保解除日
において解除されるものとする。

① 委託者が、担保解除を希望する旨並びに担保解除対象不
動産及び希望担保解除日を、受託者及びエージェントに対
して通知すること。

② 期限の利益喪失事由が発生していないこと。

③ 委託者が本契約及び当座貸越取引に係る契約上の義務に
違反していないこと。

④ 委託者が、上記①に定める担保解除の通知を行う日及び
希望担保解除日において、上記①ないし③の条件が全て充
足されていることを、受託者、各受益者及びエージェント
に対して表明及び保証すること。

Ⅱ 前項に定める場合を除き、委託者、受託者、全受益者及び
エージェントの合意なくして、本件担保権の全部又は一部を
解除することはできないものとする。

6 信託の終了の事由

(1) 本信託は、以下のいずれかの事由が発生した場合、当該事由
の発生日（以下「信託終了日」という。）において、終了する。
なお、委託者及び受益者は、信託法第164条第1項の規定にか
かわらず、合意により本信託を終了することはできないものと
する。

① 本契約に基づき本件担保権が全て実行され、かつ、受託者
が全ての配当金等の交付を受け又は全部若しくは一部の受益
者が全ての本件対象不動産を取得した場合。

② 本件担保権消滅日（本件被担保債権が完済され、かつ、全
ての本件貸付人につき当座貸越取引に基づく貸主としての貸

付義務が消滅した日をいう。）が到来した場合。

③　本契約に基づき受益者が本信託の終了及び本件担保権の現状有姿交付を請求した場合において、受託者、受益者及びエージェントが本信託を終了することにつき、合意が成立した場合。

④　経済情勢の変化その他相当の事由により信託の目的の達成又は信託事務の遂行が不可能又は著しく困難となった（受託者が請求したにもかかわらずエージェントによる指図がなされず本件担保権の実行が著しく長期間不可能な場合を含む。）と受託者が客観的な基準に従い合理的に判断した場合において、受託者が本契約を解除した場合。

⑤　何年何月何日が到来した場合（ただし、当該日が営業日でない場合は、前営業日とする。）。ただし、ⅰ当該日が到来した時点で本件被担保債権が完済されていない場合又はⅱいずれかの本件貸付人につき当座貸越取引に基づく貸主としての貸付義務が消滅していない場合には、本件被担保債権が完済される日又は全ての本件貸付人につき当座貸越取引に基づく貸主としての貸付義務が消滅する日まで延長される。

(2)　受託者は、本信託の終了後その職務を終了したときは、遅滞なく、本信託に係る信託事務に関する最終計算を行い、本信託の最終計算の結果を記載した書面を受益者及び委託者に交付し、その承認を求めるものとする。

(3)　信託終了時における信託財産の交付

Ⅰ　本信託が終了した場合、受託者は、信託終了日以降、以下の各号の定めに従い、信託財産の交付を行うものとする。

①　上記(1)①に基づき本信託が終了した場合は、本契約に従い、遅滞なく、各受益者又は委託者に信託財産に属する金銭の交付を行う。ただし、全部又は一部の受益者が全ての本件担保目的物を取得した場合は、信託財産の交付は不要とする。

②　上記(1)②に基づき本信託が終了した場合は、本件担保権は当然に消滅するため、受益者に対する信託財産の交付は不要である。

③　上記(1)③ないし⑤に基づき本信託が終了した場合においては、信託財産に属する本件担保権は、受託者による表明

及び保証、瑕疵担保責任、賠償義務及び買戻義務等何らの負担を負うことなく、受益者に対し現状有姿にて交付される。なお、信託終了日において信託財産に属する金銭が存在する場合は、ⅰ当該金銭が本件担保権の実行に伴う配当金等である場合には、本契約に従い、当該金銭を各受益者又は委託者に交付するものとし、ⅱそれ以外の場合には、当該金銭を委託者に交付するものとする。

Ⅱ 本件担保権の現状有姿交付と同時に、委託者、その時点における受益者及びエージェントの間で本契約記載の協定書の効力が発生するものとし、本信託の終了にかかわらず、信託終了日後も、当該協定書は効力を有するものとする。また、エージェントが請求した場合には、委託者は、受益者及びエージェントとの間で、大要本契約に定める内容（ただし、受託者の権利義務に影響を与えない事項については、委託者、全受益者及びエージェントの合意により、変更することができるものとする。）による担保協定書を締結するものとする。

Ⅲ 上記(1)④又は⑤に基づき本信託が終了した場合において、信託財産に属する財産が存在しない場合は、信託財産の交付は不要である。

7 その他の信託の条項

(1) 受益権の種類

本信託に係る受益権は、1種類とする。

(2) 受益権の処分、移転及び消滅

Ⅰ 本件被担保債権が譲渡された場合又は当座貸越取引に基づく貸主としての地位が譲渡された場合、当該債権譲渡又は地位譲渡の効力が発生する日において、当該債権又は地位の譲受人は、新たに本契約における受益者となる。なお、ある受益者が有する本件被担保債権及び当座貸越取引に基づく貸主としての地位の全部が譲渡された場合には、当該譲渡の効力が発生する日において、当該受益者は受益者としての地位を失うものとする。

Ⅱ 受益者は、前項に定める場合を除き、受益権（受益者たる地位）につき、分割、譲渡、贈与、質入れ、自己信託の設定、移転その他の処分を行うことはできないものとする。

Ⅲ 本件被担保債権又は当座貸越取引に基づく貸主としての地

位が譲渡される場合、当該譲渡を行おうとする受益者は、譲受人をして、本契約記載の様式による誓約書兼譲渡承諾依頼書を受託者に提出させ、受託者の承諾を得させなければならず、受託者が当該承諾を行わない限り、本件被担保債権又は当座貸越取引に基づく貸主としての地位の譲渡の効力は発生しないものとする（なお、受託者は、かかる承諾を合理的な理由なく拒否、留保又は遅延しないものとする。）。

Ⅳ　受託者は、前項に定める受託者の承諾なくして本件被担保債権又は当座貸越取引に基づく貸主としての地位を譲り受けた者に対して、何らの義務を負わないものとする。

(3)　受託者の善管注意義務

Ⅰ　受託者は、本契約に定める信託事務を、法令等及び本契約の規定に従って、善良なる管理者の注意をもって、受益者のために忠実に、かつ、受益者のために公平に執り行うものとする。

Ⅱ　受託者は、本契約においてエージェントが行うべきものとして明示的に定められている指図をエージェントが行わない場合には、本契約の定めに従い、受託者の判断で信託事務を遂行することができる（ただし、受託者は、受託者の判断で信託事務を遂行する義務を負担するものではない。）。この場合、受託者は、エージェントからの指図がないことにより、信託事務を遂行することができなかった結果又は受託者の判断で信託事務を遂行した結果、委託者、受益者、エージェント又は信託財産に損害又は費用等が発生したとしても、前項に従って行動している限り、その責を負わないものとする。

(4)　受託者の解任

委託者及び受益者は、信託法第58条第１項の規定にかかわらず、信託法第58条第４項によって行う場合を除き、受託者を解任することはできないものとする。

(5)　契約の変更

本契約の条項の全部又は一部の変更は、委託者、受託者、全受益者及びエージェントの合意によってのみ変更できるものとする。ただし、明らかな誤字、脱字その他誤謬については、受託者が法令等に従って変更することができるものとし、この場合受託者は当該変更について、委託者、全受益者及びエージェ

ントに通知するものとする。

(6) 信託報酬

 Ⅰ 委託者は、本契約及び受託者との間で別途合意するところに従い、本契約に関する信託報酬を支払うものとする。

 Ⅱ 受託者は、委託者から支払を受けていない信託報酬がある場合には、信託財産に属する金銭から当該信託報酬相当額の支払を受けることができるものとする。

(7) 公告

 本信託に関して受託者が行う公告は、法令に別段の定めがある場合を除き、日本経済新聞に掲載して行う。

(8) 準拠法及び裁判管轄

 Ⅰ 本契約は、日本法を準拠法とし、同法によって解釈される。

 Ⅱ 本契約に関する紛争については、何地方裁判所を第一審の専属的合意管轄裁判所とする。

根抵当権のセキュリティトラストの債権の範囲

> 問1　根抵当権のセキュリティトラストの債権の範囲を
> 「何年何月何日極度貸付契約書（その変更を含む)」と定
> め、これを登記した場合には、その後、受益者である債
> 権者の変更があっても、変更後の受益者の債権は当該債
> 権の範囲の定めで担保されますか。〔照会者Ａ〕

　担保権信託（セキュリティトラスト）は、財産の帰属者と利益享受者の分離という信託の特質を利用した担保権設定の形態であり、その最大の特長は、担保権者と被担保債権の債権者が分離していることにあります。つまり、被担保債権の債権者が多数であっても受託者の下で担保権が一元的に管理実行され、被担保債権の譲渡があっても担保権の移転の登記手続を行う必要はなく、その一方で、受益権を階層化することにより担保権そのものの順位を変更せずして、債権者相互間の優劣関係を作り出すことができることにあります。

　本問の事例は根抵当権のセキュリティトラストで、性質上、「根抵当権者」と「根抵当権の被担保債権の債権者」が分離することとなるので、照会者Ａは、債権者の入替えがあっても、債権の範囲の変更の登記を要しない債権の範囲の定めを考えているようです。

　根抵当権のセキュリティトラストの場合、そもそも受益者

（被担保債権者）の変更に伴い、受益者の有する被担保債権が既
存の根抵当権の債権の範囲で担保されるのかという点が重要
で、このことは、受益者の変更がどのように登記されるのかと
いう問題と関係します。

受益者の氏名・住所は、原則としてそれぞれ登記しなければ
ならず、この場合において、受益者の氏名・住所に変更が生じ
たときは、その都度、登記をしなければなりませんが、受益者
の指定に関する条件又は受益者を定める方法などが登記されて
いれば、個別の登記が不要とされています（不動産登記法97条
１項２号、２項）。

照会者Ａは、受益者がどのように登記されるのかを明らかに
していませんが、例えば信託契約書中に、「受益者は、何年何
月何日付け極度貸付契約書に基づくリボリビング貸付けの貸付
人たる地位を有する者」などの記載がある場合には、受益者の
表示としてこれを登記すれば、個別に受益者を登記する必要は
なく、以後、当該受益者の定めに変更が生じた場合には、変更
の登記をすれば足り、これを前提とした「債権の範囲」の定め
が可能となると思われます。

照会者Ａは、自身が考えた「債権の範囲」の定めによって、
受益権者の有する被担保債権が当該根抵当権の債権の範囲で担
保されるのかを尋ねています。著者は、例えば、法定かつ定型
的な債権を公示することに関する疑義であれば、なるほど公示
方法の統一といった問題も考えられ、登記官もその一助となる
べき場面があるかも知れませんが、債権の範囲をどのように定
めるのかということは、基本的には、契約自由の原則の中で当

事者が定めることができることの半面、そのリスクも契約当事者が負うべきものであると考えています。したがって、照会者が考えた「何年何月何日極度貸付契約書（その変更を含む）」との表現で、当事者が描く債権の範囲が余すところなく反映されているかという趣旨の照会は、登記官として回答することは、難しいのではないかと考えます。

　付言すれば、根抵当権のセキュリティトラストにおいて登記された債権の範囲の内容が有権的に解釈されるのは、根抵当権の実行の段階であり、結局のところ最終的な解釈は執行裁判所に委ねられることとなり、登記官に解釈させることの必要性は希薄であると考えています。

第3 セキュリティトラストの終了と信託財産の交付

> **問2** 別個の債権を有する複数の受益者を債権者とする抵当権設定信託（セキュリティトラスト）の終了により、抵当権が受益者に交付される場合の登記手続はどうなるでしょうか。〔照会者B〕

抵当権設定信託（セキュリティトラスト）の被担保債権が弁済により消滅した場合には、抵当権の附従性により抵当権も消滅するので、抵当権を受益者に交付する必要はなく、抵当権の登記及び信託の登記を抹消すれば足ります。また、抵当権が実行された場合には、信託の終了によって金銭配当がされるので、この場合も、抵当権の登記及び信託の登記を抹消すれば足ります。

本問は、被担保債権が存在する段階において、信託契約が解除され、信託が終了した場合に、信託財産である抵当権そのものを受益者へ交付することができるか、できるとした場合には、信託財産引継を原因とする抵当権の移転の登記及び信託の登記を抹消することになるのかという問題です。

抵当権設定信託は、債務者が自己の所有する不動産について、受託者を権利者とする抵当権を設定し、その被担保債権の債権者を受益者とするものであり、担保物権の権利者である抵当権者（受託者）と、被担保債権の債権者（受益者）が異なる

という点が特異です。また、抵当権の設定登記は、抵当権設定者（委託者）と抵当権者（受託者）の共同申請となり、複数の債権者（受益者）が有する別個独立した複数の債権（債務者が同一である場合も含まれる）を１つの抵当権で担保することができるという点が重ねて特異といえます。

　一般に、債権者を異にする複数の債権を被担保債権とする抵当権の設定の登記は認められていない（昭35・12・27民甲第3280号通達）のですが、抵当権設定信託は、「担保権者と被担保債権の債権者の分離」を認めるものです。

　複数の銀行が共同して融資を行おうとする場合、同通達によれば、各自の融資額を幹事銀行にプールしてこれについて金銭消費貸借契約を締結するいわゆる共同融資の形態は問題ないものの、各自の負担部分（債権額）について、個別に金銭消費貸借契約を締結するいわゆる協調融資による場合に、これを１つの抵当権として設定することは許されないと解されています。

　しかし、抵当権設定信託の場合、複数の銀行が協調融資団を組成し、幹事銀行を中心に各銀行間で融資金額や条件などを協定し、同一貸出先に優位するいわゆるシンジケートローン契約では、貸出（金銭消費貸借）契約が銀行ごとに締結され、個々に実行されることから、協調融資の一形態と解されています。このシンジケートローン契約は、債権者を異にする複数債権の存在を前提とするものです。

　抵当権設定信託は、立案段階からシンジケートローンのニーズに応えるために作られたものであることは明確で、シンジケートローンを被担保債権とする抵当権設定信託は、当然に許

容されるものです。既述したとおり、抵当権設定信託の被担保
債権が弁済により消滅した場合や、抵当権が実行された場合に
は、抵当権及び信託の登記が抹消されることになります。

　本問のように、被担保債権が存在する段階において、信託契
約が解除され、信託が終了することも考えられるのですが、こ
の場合に、信託財産である抵当権そのものを受益者へ交付する
ことができるのでしょうか。著者は、当初、信託財産である抵
当権は、受益者の準共有になると解していましたが、これで
は、前掲昭和35年通達が禁止する、債権者を異にする複数の債
権を被担保債権とする抵当権の設定の登記を後発的に現出させ
ることになってしまいます。思うに、設問の抵当権設定の登記
が前掲昭和35年通達に抵触することなくシンジケートローンに
対応することができたのは、抵当権者が受託者であり、すなわ
ち、抵当権設定信託（セキュリティトラスト）であったからだ
と考えます。つまり、セキュリティトラストでは、抵当権者と
債権者が分離していて、受託者たる抵当権者が複数債権の債権
者兼抵当権者であるかのごとく公示されることになりますが、
本問のように、信託契約が解除され、抵当権設定信託（セキュ
リティトラスト）から普通の抵当権として存続させるのであれ
ば、もはや受託者たる抵当権者の公示はできないこととなり、
シンジケートローンに対応する抵当権として存続させることは
困難であると思われます。

　著者は、被担保債権が存在する段階において、信託契約が解
除された場合、なお、抵当権の担保機能の恩恵を受け続けたい
と考えるのであれば、信託財産である抵当権そのものを受益者

へ交付することはできず、債権譲渡などを経て、最終的に単独の債権者として、当該債権者を抵当権者とする抵当権として存続させることになるか、債務承認契約などで複数債権を一本化し、従前の債権者を準共有とする新たな抵当権を設定すべきであると考えます。そのような制度設計が困難であれば、債権者ごとに、新たな抵当権を設定するべきではないでしょうか。いずれにしても、セキュリティトラストは、担保法の世界で認められた普通抵当権の形式を利用した全く別の担保形態と解されるべきですので、その新たな担保形態を「信託契約が解除された」という理由で、従来の抵当権に戻そうとすること自体に無理があると考えます。

　最後に、信託財産引継を原因とする抵当権の移転の登記及び信託の登記を抹消することについて検討します。信託財産に属する不動産に関する権利が移転、変更又は消滅により信託財産に属しないことになった場合における信託の登記の抹消は、当該権利の移転の登記若しくは変更の登記又は当該権利の登記の抹消の申請と同時にしなければなりません（不動産登記法104条）。受益者ごとの抵当権の一部移転の登記をすることとした場合、最終となる抵当権の移転の登記と同時に信託の登記の抹消をすることとなります。また、受益者ごとに抵当権の一部移転の登記を行う場合、当該登記が複数回申請されることになりますが、その申請の順序については、特段、法令等の制限はありません。

第4 根抵当権の信託の終了

> **問3** 元本の確定した根抵当権が信託財産となっています。全受益者は、信託行為に基づき、受託者に対し信託の終了及び各受益者への本件根抵当権の現状有姿交付を請求しました。これにより、信託が終了し、根抵当権が全受益者へ移転することとなります。
>
> ① この場合の根抵当権の移転及び信託の登記の抹消の登記原因は、根抵当権の移転について「何年何月何日信託財産引継」、信託の登記の抹消につき「年月日信託終了」でよいでしょうか。
>
> ② 根抵当権の移転の登記には、根抵当権者の準共有持分が登記されると考えますがいかがでしょうか。〔照会者C〕

① 根抵当権移転及び信託登記抹消の登記原因

　照会者Cが以前取り扱ったことのある根抵当権の信託は、被担保債権が信託されたことにより根抵当権も信託される「債権信託に基づく根抵当権信託」であったとのことで、この場合の受益者に交付される元本確定後の根抵当権の信託の登記原因は、「何年何月何日債権譲渡、同日信託財産処分」であったそうです。「信託財産処分」とされたのは、信託財産である被担保債権を売買処分したことにより信託が終了したからだそうで

101

す。本問の根抵当権信託は、債権者と根抵当権者が分離する根抵当権のみの信託です。照会者Cは、根抵当権者は担保権者のみの地位を有していて、債権者ではないので、信託財産である被担保債権の処分には該当しないことから、「何年何月何日信託財産引継」で差し支えないと考えているようです。

ところで、照会者Cが以前取り扱ったとされる根抵当権信託は、被担保債権が信託されたことにより根抵当権も信託されるものとのことですが、「債権信託に基づく根抵当権信託」とは何でしょうか。照会者Cも指摘しているように、確定前の根抵当権の場合、被担保債権と根抵当権は切り離されているので、被担保債権を信託財産としたところで、当然に根抵当権によって担保されるわけではないと思われます。これを信託財産として担保させようと思えば、別に当該根抵当権者を受託者とする信託契約を締結しなければならないと考えます。照会の内容からは判明しませんが、確定後の根抵当権の被担保債権そのものを信託財産とした可能性もあります。この場合には、債権と担保権の附従性が復活するので、普通抵当権のセキュリティトラストに近い法律関係になると思われます。「何年何月何日債権譲渡、同日信託財産処分」とした趣旨は、おそらく根抵当権者が有する被担保債権を受益者に譲渡したということでしょうが、もともと被担保債権の債権者は受益者だったはずであり、なぜ根抵当権者が債権の譲渡人となって、受益者に移転しなければならないのでしょうか。おそらく、債権信託によって受託者に債権も信託したので、債権者は受託者になっていたのかも知れません。

② 根抵当権移転と準共有持分の登記

　照会者Cは、根抵当権は、元本確定後には被担保債権との附従性が発生するとし、元本確定後の共有根抵当権は、附従性が復活するので、共有持分を登記すべきであると考えています。具体的な持分の記載方法については、各債権額の表記でも差し支えない（昭35・3・31民事甲第712号民事局長通達）とされているところ、根抵当権の場合、極度額が登記されているので、そのまま各債権額を登記することには抵抗があるかも知れません。さらには、今回のように信託財産が受益者に帰属するものについては、あえて持分を記載しないとの考え方もあるかも知れません。

第 14 章

再 信 託

問　信託財産の処分行為として再信託を行った場合、

①　再信託によって第1信託の信託財産が受益権に変化した段階で、第1信託の信託が終了し、信託財産ではなくなるので、第1信託の登記を抹消することができるでしょうか。

②　①が認められる場合、第1信託の登記の抹消は、第2信託の登記と同時に申請する必要があるでしょうか。

③　再信託後の受益権を第1信託の受益者甲へ現物交付した場合の登記原因は、「何年何月何日信託財産引継」でよいでしょうか。

④　上記第1信託の登記を抹消するためには、信託目録において信託の目的が処分信託であるだけでなく、処分方法を定めた記録事項に別信託の信託財産とする方法により信託財産を処分することができる旨を記録しなければならないでしょうか。

⑤　第1信託の受託者が、第2信託の受託者となることは可能でしょうか。〔照会者A〕

　既に信託の受託者となっている者が、当該信託財産の委託者となり、更に信託を設定することを「二重信託」や「再信託」などと呼んでいます。これらは、第1信託の受託者が第2信託の委託者となる点に特徴があり、従来、金銭信託などの資金運用信託で信託を受益権化して運用利用実績を上げることに利用

されてきました。

　登記実務上、信託財産が不動産である場合であっても、既に信託の登記がされている不動産に重ねて信託の登記をすること（二重信託・再信託）が可能なのかという問題があります。著者は、不動産に信託の登記を二重に設定することは理論的に可能であると考えていますが、現在の信託登記実務の事例の多くが、第１信託の受託者が委託者となって第２信託を設定した段階で、第１信託の信託財産である土地は、例えば売買代金などの財産に変形しているので、同一不動産そのものに登記記録上、第１信託と第２信託が併存する理由はなく、多くの場合、第２信託の登記がされた時点で、第１信託の登記は抹消されることになると考えています。

　その意味では、著者は、これまで狭義の再信託の登記に関する照会は受けたことがなく、今回のような第１信託の登記の抹消に関する照会がほとんどであるといえます。照会事項の①は、まさにその事案であり、照会者Ａのいうとおり、信託財産の処分により、第１信託はもはや登記記録上、存在し得ないので、抹消されるべきと考えます。

　照会事項の②については、第２信託は、第２信託の受託者と第１信託の受託者を委託者とするものですから、第２信託の登記は、第２信託の受託者への移転の登記と同時に申請されるべきです。また、①のとおり、第２信託の受託者への移転の登記に伴って、第１信託の登記も同時に抹消されるべきですから、結局、「第１信託の登記の抹消」「第１信託の受託者から第２信託の受託者への所有権の移転登記」「第２信託の登記」の３つ

の登記が同時に申請されることとなります。

　照会事項の③について照会者は、「第1信託の信託財産となった「第2信託の受益権」を第1信託の受益者甲へ現物交付した場合」としていますが、受益権の移転過程そのものは直接的な登記事項ではないので、この問題は、信託目録の受益者の氏名住所をどのように登記するかということになります。照会事項からは、第1信託の受託者が当該受益権を受益者甲に交付することにより第2信託の受益者が甲になったことは分かるのですが、第2信託の当初受益者が「第1信託の受託者」なのか「第1信託の受益者」なのかは、判然としません。

　受益者甲が第2信託の当初受益者であれば、甲の氏名住所を登記すれば足り、特段、受益者変更の登記原因日の記録は必要ないと思われますが、受益者甲が当初委託者から受益権の譲渡を受けて、後発的に受益者となったのであれば、「受益権譲渡」を原因とすることになるでしょう。なお、照会事項にある受益者の変更原因を「何年何月何日信託財産引継」とすることについての実体的な経緯が不明ですが、第1信託の信託財産が処分されたことにより、第1信託の終了事由が生じたとして、第1信託は清算手続に入った場合において、第2信託の受益権が残余財産となったときは、第1信託の受益者が当該受益権を譲り受けることが可能です。おそらく、第1信託の受益者が第2信託の受益権を後発的に取得した事実を第1信託の受益者の視点から見て、第1信託の信託財産引継と表現しているのかも知れません。しかし、ここでは、第2信託の受益者として登記されるべき事項を検討すれば足り、第1信託の清算手続の過程で信

託財産が引き継がれた事実を登記原因とする必要はなく、受益者の変更原因としては、単に「受益権譲渡」とするのが適当ではないでしょうか。

　照会事項の④については、第1信託の受託者が再信託を設定する権限が信託行為にて明らかにされている必要があると考えられるところ、第1信託の登記を抹消するためには、信託目録において信託の目的が処分信託であるだけでなく、別信託の信託財産とする方法により信託財産を処分することができる旨の記載が当然に必要であると考えます。

　照会事項の⑤については、第2信託の委託者がそのまま受託者を兼ねることが可能であるかを尋ねています。これは、自己信託が可能であるかを照会しているにほかなりません。自己信託は、自己の有する一定の財産について一定の目的のために自ら受託者となって管理・運用するものです（信託法3条3号）。ここで問題となるのは、自己信託の目的となる財産は、固有財産に限られるのか、信託財産である場合も含まれるのかという点でしょう。本問では、第1信託の登記が抹消されたとしても、当該不動産が固有財産になることはなく、引き続き第2信託の信託財産として存続することになるので、委託者の固有財産に復帰するわけでもなく、当該不動産を受託者が固有財産として取得するものでもありません。

第 15 章

信託の分割

　信託法施行前に成立した信託は、信託法を適用する旨の信託
の変更がされない限り、信託法の適用を受けることはありませ
ん（整備法２条、３条）ので、信託の分割が信託法によって新
たに創設された制度である以上、旧信託法の適用を受ける信託
を分割することは認められませんし、その登記をすることも許
されないと考えます。

　この場合には、信託法の適用を受ける旨の信託契約の変更を
すれば、当事者の合意により信託の分割をすることが可能とな
ります。登記との関係では、信託法の適用を受ける旨の変更が
信託目録にされている必要があります。信託の分割の登記を申
請するためには、信託目録に信託の分割に関する規定が定めら
れている必要があるのではとの疑問を抱くかも知れませんが、
信託の分割は、信託法の適用を受ける信託であることが明らか
であれば認められるものであり、信託契約中に特約として定め
なければすることができないという性質のものではありませ
ん。

　一方で、信託目録に、信託法の適用を受ける旨の変更がされ
たことが直接的に記載されておらず、信託法の適用につき疑義
を抱く場合もあるかも知れません。このような場合であって
も、信託法の施行日以降に、信託契約が変更され、信託分割に
関する規定が新たに追加されており、信託目録の変更の登記が

されているのであれば、信託目録の変更をもって、信託法の適用を受ける信託であって、信託分割の登記を申請することが可能であると判断して、差し支えないと思われます。

上記の事例で信託財産であるＡ不動産とＢ不動産がある場合、これらの信託目録の記録が完全に一致している必要があるかという問題があります。信託目録に不一致が生じる場合としては、①信託目録の性質上、完全一致の必要がない場合と、②信託契約の性質上、一致していなければならないにもかかわらず、何らかの事情で一致していない場合が考えられます。

①の場合としては、例えば、「Ａ不動産については○○とし、Ｂ不動産については××とする」など、信託契約の細目で、Ａ不動産とＢ不動産で分けて規定している場合が想定されます。この場合、Ａ不動産とＢ不動産は、同一の信託契約の信託財産であることには相違ないのですが、Ａ不動産に信託の登記をする場合の信託目録の記録には、Ａ不動産に関する条項のみ登記すれば足りるのであって、Ｂ不動産に関する条項を登記する必要はないことから、このような差異が生じることになります。信託目録の章でも説明したのですが、これは、不動産ごとに備え付けられている信託目録は、各不動産がどのような信託の制約を受けるかという制度上の要請に応えるものであり、必ずしも信託財産の総体を、あるいは信託財産相互間の関連性を積極的に公示することを予定したものではないからです。よって、信託分割の登記を申請する際に、同一の信託財産である複数の不動産の信託目録の記録内容を完全に一致させる必要はないと考えられます。

一方で、②の場合のように、信託契約の性質上、一致してい
なければならないにもかかわらず、何らかの事情で一致してい
ないものについては、検討が必要です。多くの場合、委託者の
変更又は受益者の変更の登記を懈怠しているもので、これら
は、信託の同一性の判断基準そのものですので、直ちに登記を
申請し、是正されなければならないと考えます。この点につ
き、旧信託法の適用を受ける信託であり、委託者の変更が予定
されていないことなどを理由に信託目録の一致を不要とする意
見を聞くことがありますが、信託分割の登記をするのであれ
ば、それは、新法が適用される信託であり、旧信託法下の取扱
いをもって登記不要論を唱えることには無理があります。さら
には、Ａ不動産について委託者の変更の登記がされているよう
な事案であれば、Ｂ不動産について委託者の変更の登記ができ
ない理由はなく、いずれの理由をもってしても、登記の懈怠を
正当化することはできないと考えます。

第 1 受益権の持分に応じた吸収信託分割の可否

> 問2　不動産の共有者甲、乙、丙、丁を委託者兼受益者、受託者を戊とする信託契約がされているところ、甲が死亡し、委託者及び受益者の地位を法定相続人である乙、丙、丁が承継した後に、信託当事者で吸収信託分割を行い、乙、丙、丁の各受益権の割合に応じた別の信託とすることができるでしょうか。〔照会者Ｂ〕

　吸収信託分割は、委託者、受託者及び受益者の合意による（信託法155条1項）ところ、当事者の合意があり、信託法156条の債権者保護手続等が適法にされるのであれば、信託の分割を禁止する理由は見当たりません。照会者Ｂの疑問点も判然としませんが、過去に受任経験がない事案ということで不安になったのかも知れません。あるいは、信託分割の要件は、「ある信託財産の一部」とされているところ、「共有持分の一部」が「信託財産の一部」と解されるのかどうか疑問に思ったのかも知れません。

　ここでは、登記記録例のみの紹介とします。

1	甲持分全部移転	平成何年何月何日信託 受託者戊
	信託	信託目録第何号
2	乙持分全部移転	平成何年何月何日信託

		受託者戊
	信託	信託目録第何号
3	丙持分全部移転	平成何年何月何日信託 受託者戊
	信託	信託目録第何号
4	丁持分全部移転	平成何年何月何日信託 受託者戊
	信託	信託目録第何号
5	戊持分6分の1（順位1番で登記した持分）が信託分割により別信託の目的となった旨の登記	原因　平成何年何月何日信託分割
	信託	信託目録第何号
6	戊持分6分の1（順位1番で登記した持分）が信託分割により別信託の目的となった旨の登記	原因　平成何年何月何日信託分割
	信託	信託目録第何号
7	戊持分一部（順位1番で登記した持分）が信託分割により別信託の目的となった旨の登記	原因　平成何年何月何日信託分割
	1番信託登記抹消	原因　平成何年何月何日信託分割
	信託	信託目録第何号

第 2   信託分割の公告方法

> 問3　Ａ信託の一部を分割してＢ信託及びＣ信託にする場
>   合の債権者保護手続のための公告は、１件でよいでしょ
>   うか。〔照会者Ｃ〕

　照会者Ｃは、Ａ信託の一部を分割してＢ信託及びＣ信託にす
る場合の債権者保護手続のための公告が１件でよいかという疑
問を抱いたようです。更に尋ねたところ、過去に受任事例がな
いとのことで、不安になったとのことです。登記官からすれ
ば、このような照会に答えることは難しいと考えます。なぜな
ら、信託分割の公告は、当事者が行うものであり、登記官が公
告の方法について、何らかの意見や感想を言う立場にはないか
らです。これらは、債権者との関係において信託当事者の責任
にて行われるべきものであり、登記官には、添付情報としての
公告を証する情報の内容が信託法で定められる要件を満たして
いることを形式的に審査する権限が付与されているにすぎない
からです。

信託の分割により地上権全部に設定された信託の登記を地上権の持分上の信託に変更する登記の可否

問4　建物の所有権の全部及び土地に設定された地上権の全部に設定された信託を分割し、分割後の持分10分の1に係る信託受益権を売却したいです。この場合の登記は、地上権の持分10分の1に係る部分が別信託の目的となった旨の登記、信託の登記（信託分割登記）及び本件信託の信託財産を地上権の持分10分の9に変更する登記（信託変更の登記）を申請することでよいでしょうか。

〔照会者D〕

　照会者Dは、建物の所有権の全部及び土地に設定された地上権の全部に設定された信託の持分10分の1に係る部分を分割し、当該持分に係る信託受益権を売却するために、地上権の持分10分の1に係る部分が別信託の目的となった旨の登記及び信託の登記（信託分割登記）及び本件信託の信託財産を地上権の持分10分の9に変更する登記（信託変更の登記）の申請をしたいと考えているようです。

　信託の分割とは、ある信託財産の一部を受託者を同一とする他の信託の信託財産として移転すること（吸収信託分割）又はある信託財産の一部を受託者を同一とする新たな信託の信託財産として移転すること（新規信託分割）です（信託法2条11項）。

分割により信託財産に関する不動産の権利の帰属に変更が生じたときは、受託者が同一であり、当該権利の登記名義人の変更がないことから、信託の分割を原因とする権利の変更の登記をすることになります（不動産登記法104条の２第１項）。

　ここでは、１筆の不動産全体が信託財産になっている場合において、持分10分の１と持分10分の９に信託分割することができるか否かが問題となります。例えば、１筆の土地を１対９の比率で信託分割をするとの趣旨であった場合、信託の分割は、信託法上、可能であると考えられますが、登記手続の場面では、一物一権主義の原則に鑑み、対象土地の分筆の登記を経ない限り、信託分割の登記の実現は困難になります。もっとも、本問はそのような信託分割ではありません。

　本問の場合、不動産全体に及んでいた信託の登記が、分割によって持分10分の１及び10分の９に及ぶことになり、更にその一方が別信託の目的となることになります。この場合には、信託登記の一部が抹消されることになるのですが、権利の一部抹消は不動産登記手続上、予定されていないので、このような登記は許されないと考える方もいるでしょう。この考え方によれば、不動産登記法104条の２第１項は、１の信託登記の抹消と他の信託の登記とを同時に申請しなければならないところ、本問は、信託の一部が抹消されるものであり、信託登記の抹消がされるものではないので、信託の分割はできないという結論になります。この立場で信託同様の効果を実現しようと思えば、一旦、信託の登記を全部抹消し、それぞれの共有持分につき新たな信託登記をしなければならないことになり、迂遠な手続を

強いる結果となります。

　確かに、登記の一部抹消という手続はないのですが、登記実務では、古くから、このような場合には、登記の一部抹消に代えて、登記の変更をもって、実質的な登記の一部抹消の効果を実現させていることを考えれば、著者は、この手法を用いて本問を解決することが可能ではないかと考えます。すなわち、不動産登記法の特則である不動産登記法104条の2第1項の規定に基づき、申請すべき信託登記の抹消は、本問においては、信託登記の一部の抹消の性質を有するものであり、信託の登記の一部抹消の登記手続に代えて、権利の変更の登記（信託分割により何某持分10分の1が別信託の目的となった旨の登記）を申請し、併せて新たな信託の登記をすることが許容されるものと考えます。

第 16 章

登録免許税

第 1 登録免許税法 7 条 1 項 2 号の適用

> **問 1** 信託財産の処分により不動産を取得した場合におい
> て、当該信託が終了し、受益者に信託財産引継により当
> 該不動産を移転する登記を申請するときには、信託契約
> 時の委託者兼受益者が信託目録に記載されていない場合
> であっても、登録免許税 7 条 1 項 2 号の非課税要件を満
> たすものと考えますが、いかがでしょうか。〔照会者A〕

信託財産の処分により不動産を取得した場合には、当該不動
産に信託の登記がされ、信託目録が作成されることになります
が、この信託目録に記録される信託契約や当事者は、信託契約
時の当初の内容を記録すべきなのか、登記申請時点の最新の内
容を記録すべきなのかという問題があります。

例えば、①当初の信託契約から、第 1 回変更契約、第 2 回変
更契約があった場合に、この信託目録には、当初の信託契約を
記載し、その後に第 1 回変更契約の内容、第 2 回変更契約の内
容について、それぞれ変更の登記をすべきでしょうか。あるい
は、②当初委託者兼受益者甲が、甲から乙、乙から丙へ変更さ
れている場合に、この信託目録には、まず委託者兼受益者甲を
登記し、その後に甲から乙、乙から丙へ、それぞれ変更の登記
をすべきでしょうか。

著者は、①に関しては、信託目録に記録される信託契約や当

事者は、信託契約の内容を第三者に対抗させる趣旨であったり、登記官が信託契約の特段の定めや、受託者の管理処分権限の内容を審査するために必要なのであって、信託の登記申請時点を基準とすれば足り、当初の信託契約から変更の経緯を時系列に登記させる必要性は乏しいと考えています。②に関しても、信託目録への委託者や受益者の氏名住所の記録は、飽くまでも信託を特定するためのものであったり、後日の登記申請人となる者を特定するためのものであり、少なくとも信託受益権の売買の経緯や、その持分を公示すること、すなわち、受益権の譲渡の過程を公示することを目的とするものではないので、①と同様に、当初の委託者及び受益者から、順次、変更の経緯を時系列に登記させる必要性は乏しいと考えています。

しかしながら、この問題は、信託契約時の当初委託者兼受益者が信託目録に記載されていない場合において、当該信託が終了したとして、受益者に当該不動産を信託財産引継を原因として移転する登記が申請されたときに、登記官は、登録免許税法7条1項2号の非課税要件を充足していることを何をもって審査すべきかということになります。

つまり、登録免許税法7条1項2号は、非課税要件として、①信託の効力が生じたときから引き続き委託者のみが信託財産の元本の受益者であること、②受託者から受益者に移転すること、③当該受益者は、信託の効力が生じたときから引き続き委託者であることを掲げていますが、上記の事例で登記官は、登記記録上、当該信託の効力が生じた時点の当初委託者兼受益者及びその後の変更の経緯を知ることができません。この場合

に、登記官は、信託目録に記録された委託者兼受益者を「信託の効力が生じたときから」の委託者兼受益者であると判断して差し支えないでしょうか。

この問題とは別に、登録免許税法7条1項2号の非課税の規定は、委託者の所有する不動産を信託財産とした場合にのみ適用されるべきであり、信託財産の処分により信託財産となった不動産については、適用されるべきではないのではないかという疑問が生じます。すなわち、①委託者の所有する不動産を信託財産とする場合には、委託者自身は、信託を設定する前に当該不動産につき適正な登録免許税を納付して民法177条の対抗要件としての登記を具備していると評価されます。その後の受託者への所有権の移転及び信託の登記は、いずれも信託の制限下においてされる登記であって、特に受託者への所有権の移転の登記の部分は、形式的な登記といえます。このことは、登録免許税法7条1項1号が、委託者から受託者への財産権の移転の登記を非課税としていることからも明らかです。その後、当該信託が終了し、受益者である委託者に当該不動産を信託財産引継を原因として移転する登記は、例え財産権移転の形式を採るものであったとしても、その実質は、信託の制限からの解放であり、完全権としての所有権が復活したことを意味するものにすぎないと考えられます。著者は、このような性質の登記に、あたかも新たに民法177条の対抗要件としての登記を具備したかのような登録免許税を課税することは二重課税になるので、そこに登録免許税法7条1項2号の非課税規定の存在意義があると考えています。

　他方で、②信託財産の処分により不動産を取得した場合には、どうでしょうか。買主である受託者は、売主との関係においては、完全権としての所有権を取得しており、その時点で所有権の移転の登記の登録免許税を納付しています。①の場合、完全権としての所有権の移転の登記を受けたのは委託者自身でしたが、②の場合には、委託者自身は、１度も当該不動産の所有権を取得したことはなく、また、所有権の移転の登記を受けていないので、登録免許税も納付していないことになります。また、受託者への所有権の移転の登記の部分に着目すれば、①とは異なり、②は売主との関係においては完全な所有権の登記です。このことは、信託財産の処分により不動産を取得しても登録免許税法上の非課税措置がないことからも明らかではないでしょうか。その後、当該信託が終了したとして、受益者に当該不動産を信託財産引継により移転する登記は、①の場合には、信託の制限からの解放であり、完全権としての所有権が復活したことを意味するもので、このような性質の登記に登録免許税を課税することは二重課税であるとの考え方が成り立つものの、②の場合には、１度も登記名義人になっていない者が新たに所有権を取得するものです。そのように考えると、②の場合に、登録免許税法７条１項２号の非課税規定の適用を受けるためには、①とは異なる理由が必要になります。

　もっとも、登録免許税法７条１項２号の規定は、文理解釈上、委託者の所有する不動産を信託財産とする場合に限定するものではないので、結論としては、照会者Ａの意見のとおり、信託財産の処分により不動産を取得した場合であっても適用を

受けることになると思われます。また、信託契約時の当初委託者兼受益者が信託目録の記録から明らかでないとしても、登録免許税の非課税要件を審査するためのみの目的で、およそ信託契約時の当初の内容を遡って記録させることは酷のように思われます。

> 問2　同一の信託の登記がされている甲地及び乙地を合併して、１筆の土地となった後に、受益権の一部が譲渡され、その後、信託が終了しました。今、信託財産引継を原因とする受益者への所有権の移転の登記を申請するに際し、合筆前の乙地に相当する価額のうち、委託者である受益者に移転する分については、登録免許税法７条１項２号の適用を受けることができますか。〔照会者Ｂ〕

　本問の趣旨は、一部譲渡を受けた受益者は当初受益者ではないので、合併前の甲地については登録免許税法７条１項２号の適用を受けないが、当初受益者については、甲地と乙地を合併する前の乙地に相当する持分についてのみ同号の適用を受けることができるかを問うものです。

　旧不動産登記法下では、信託の登記がされた土地の合筆は禁止されていましたが（昭48・８・30民三第6677号民事局長回答）、信託法の施行に伴う不動産登記法改正に伴い、合併の登記の制限の特例として「信託の登記であって、不動産登記法第97条第１項各号に掲げる登記事項が同一のもの」が追加されました（不動産登記法41条６号、不動産登記規則105条３号）。これにより、

現在は、信託財産の処分権限が受託者に付与されている場合には、合筆の登記が可能になっています。

　所有権の移転の登記における登録免許税の趣旨は、新たな所有者が登記名義人として対抗力という利益を受けることに対する課税です。したがって、信託が終了した場合における受託者から受益者への所有権の移転の登記は、委託者のみが受益者である場合以外にあっては、実質的には、受託者から受益者への新たな所有権の移転であり、所有権の移転を受けた受益者が新たな利益を得るものです。他方、委託者のみが受益者である場合には、信託の本旨を達成するための手段として、信託の登記に付随して一時的に受託者を登記名義人としていた権利関係を、信託の終了により信託の登記を抹消することに付随して元の権利関係に戻すためのものにすぎないことから、所有権の移転を受けた受益者が新たな権利を得るものではないと考え、その所有権の移転の登記の登録免許税は非課税とされています。

　以上の趣旨からすれば、合併された土地であっても、本問のように合併前の乙地に相当する部分については、登録免許税法7条1項2号の適用を受けるものと解して差し支えないと考えられます。もっとも、本問は、登記記録から登録免許税法7条1項2号の適用を受けるものであることが明確な場合ですが、一部移転した受益権が合併前の甲地に関するものなのか、乙地に関するものなのかが登記記録から判然としない場合などもあり得るので、実際問題として、同号の適用が困難な事例も想定されます。

第2 登録免許税法7条2項の適用

2007年の登録免許税法の改正では、本来の非課税の趣旨を規定上からも担保させるため、登録免許税法7条1項2号にて、信託の効力が生じたときから引き続き委託者である者に対して信託財産が移転したときのみ非課税になるよう規定の整備がされるとともに、信託の期間中に法人である委託者に合併又は分割があった場合の信託終了時の信託財産の移転については、法人の合併又は分割による財産権の移転とみなし、登録免許税が課される旨の規定の整備がされました（登録免許税法7条1項、2項）。

現行の登録免許税法7条2項の適用を受けるには、「信託の信託財産を受託者から受益者に移す場合」（要件1）であって、「当該信託の効力が生じた時から引き続き委託者のみが信託財産の元本受益者である場合」（要件2）において、「当該受益者が当該信託効力が生じた時における委託者の相続人……であるとき」（要件3）の全ての要件を満たす必要があると考えられます。以下、照会事例に沿って検討します。

1 相続人が1人の場合

問3　当初委託者甲の死亡により、甲の唯一の相続人である乙が甲（委託者兼受益者）の地位を相続した場合にお

いて、信託契約が終了し、信託財産である不動産が乙に
移転したときは、登録免許税法7条2項の適用を受ける
ことができますか。〔照会者C〕

　当初委託者甲の死亡により、甲の唯一の相続人である乙が甲
（委託者兼受益者）の地位を相続した場合において、信託契約が
終了し、乙に信託財産である不動産が移転したときは、信託の
効力が生じたときから甲が死亡するまでの間は、当初委託者で
ある甲のみが信託財産の受益者であり、甲の死亡後において
も、委託者たる地位を相続した乙のみが受益者となることか
ら、要件2を満たすものと考えます。また、乙は信託の効力が
生じたときにおける委託者たる甲の相続人であることから、要
件3も満たすので、この場合には、登録免許税法7条2項の適
用を受けることになると考えられます。

2　相続人と相続人以外の者が承継する場合

　問4　当初委託者甲の死亡により、甲の唯一の相続人であ
　　る乙と相続人でない丙が当該信託受益権を各2分の1の
　　割合で取得するとともに、併せて委託者たる地位を承継
　　した場合において、信託契約が終了し、乙及び丙に信託
　　財産である不動産の所有権が各2分の1の割合で移転し
　　たときは、登録免許税法7条2項の適用関係はどうなり

　当初委託者甲の死亡により、甲の唯一の相続人である乙と甲の相続人でない丙が当該信託受益権を各2分の1の割合で取得するとともに、併せて委託者たる地位を承継した場合において、信託契約が終了し、乙及び丙に信託財産である不動産の所有権が各2分の1の割合で移転したときは、信託の効力が生じたときから甲が死亡するまでの間は、当初委託者である甲のみが信託財産の受益者である点は、上記1と同様です。そして、甲の死亡後においては、乙及び丙が受益者となり、委託者たる地位も受益権とともに移転し、また、信託の終了時における信託財産は、その時の受益者にそれぞれの受益権割合に応じて帰属する契約になっているのであれば、後発的に委託者となった乙及び丙のみが信託財産の元本の受益者となるので、要件2を満たすものと考えます。

　要件3に関しては、乙は信託の効力が生じたときにおける委託者である甲の相続人に該当するので、要件3を満たすものですが、丙については、甲の相続人ではないので、要件3を満たしません。よって、登録免許税法7条2項の規定は、乙が受ける持分移転の登記についてのみに適用され、丙が受ける持分移転の登記については、登録免許税法7条2項の規定は適用されないと考えます。

3 受益権の数次相続の場合

> **問5** 当初委託者及び受益者である甲が死亡し、その地位を乙（甲の配偶者）及び丙（甲乙の子）が相続した後に、更に乙が死亡し、丙が乙の地位を相続した場合のように、甲を起点とした相続と乙を起点とした数次相続が生じている場合の登録免許税法7条2項の適用関係はどうなりますか。〔照会者E〕

この場合の委託者兼受益者は、信託の効力が生じたときにおける委託者である甲から、甲の死亡により乙及び丙となり、その後乙の死亡により、丙へと順次変更しているところ、上記2と同様、甲の死亡後においても後発的な委託者となった乙及び丙のみが信託財産の元本の受益者であることに変わりなく、要件2を満たすものと考えられます。

問題となるのは、要件3の適用についてです。本問において丙は、①信託の効力が生じたときにおける委託者である甲の死亡時と、②その後の乙の死亡時の2回にわたり信託受益権を取得していることから、丙は、その効力が生じたときにおける甲の相続人とはいえません。しかしながら、登録免許税法7条2項は、「信託の効力が生じたときから引き続き委託者である者に限る（同条1項2号）」のように、信託の効力が生じたときからその信託の信託財産を受益者に移転するまでの間の受益者を

限定する規定振りとはなっていません。そのことからすれば、
登録免許税法7条2項は、信託財産の移転を受ける受益者が信
託の効力が生じたときにおける委託者の相続人であることを要
件としているのであって、信託の効力が生じたときから引き続
き委託者の相続人が信託財産の元本の受益者であることまでを
要件としているものではないと考えられます。つまり、同項の
趣旨は、受託者から委託者の相続人への所有権の移転の登記を
委託者から相続人への相続による財産権の移転の登記とみなす
ことにあることから、当初委託者である甲を起点とした相続が
生じた場合のみに限定的に適用されるものではなく、本問のよ
うに、甲を起点とした相続と乙を起点とした数次相続が生じて
いる場合、すなわち受益者の地位が複数の相続により移転した
場合においても、要件3を満たすものとして、本条の適用があ
ると解されます（国税庁ホームページ「信託契約の終了に伴い受
益者が受ける所有権の移転登記に係る登録免許税法第7条第2項の
適用関係について」参照)。

4 受益権の売買の場合

問6　当初委託者及び受益者である甲法人が、その地位を
　　乙法人に譲渡（受益権売買）した後に乙法人が甲法人を
　　合併した場合には、登録免許税法7条2項の適用を受け
　　ますか。〔照会者Ｆ〕

　当初委託者及び受益者である甲法人が、その地位を乙法人に
譲渡（受益権売買）した後に乙法人が甲法人を合併した場合に
は、登録免許税法7条2項の適用はないと考えられます。同項
は一見すると、最終の受益者が当初委託者の包括承継人であれ
ば、受益権取得の経緯に関係なく適用を受けるのではないかと
の疑義が生じますが、同項の趣旨は、当初委託者である法人が
合併により消滅した場合において、受託者から委託者である当
該合併後存続する法人への所有権の移転の登記を合併により消
滅した法人から合併後存続する法人への合併による所有権の移
転の登記とみなすことにあり、本問の場合、受益権は特定承継
である売買により承継されたものであり、合併によって承継さ
れたものではないことから、同項の適用がないと解されます。

　なお、本問で乙法人が甲法人を合併した後に、乙法人の商号
が「甲法人」に変更されたとしても上記の結論に影響はありま
せん。また、本問で乙法人が甲法人を合併した後に、更に丙法
人によって乙法人が吸収合併されたとしても上記の結論に影響
はありません。

5　受託者の固有財産となった旨の登記の場合

問7　委託者及び受益者を甲、受託者を乙とする信託の登
　記がされている場合において、甲の死亡により信託が終
　了し、信託財産に帰属権利者として乙（甲の唯一の相続
　人）が指定されているので、受託者の固有財産となった

　照会者Gは、受託者の固有財産となった旨の登記を所有権の
移転の登記の形態で申請することを考えているようですが、乙
から乙への所有権の移転、すなわち乙から乙への民法177条の
物権変動の登記は認められるべきではないことから、本問の場
合には、受託者の固有財産となった旨の権利の変更の登記及び
信託の登記の抹消を申請すべきと考えます。

　本問の変更の登記は、受託者を登記権利者、受益者を登記義
務者とする共同申請となります（不動産登記法60条）。照会によ
れば、受託者乙の相続人丙が登記権利者となることについては
特段の問題はないのですが、受益者甲も死亡しており、登記義
務者となることができないことについて、照会者Gは、受益者
甲の死亡により信託が終了し（信託法163条9号）、帰属権利者
（信託法182条1項2号）として受託者乙が指定されており、乙
は、帰属権利者として、信託の清算中は受益者とみなされるこ
とから（信託法183条6項）、受益者としての地位が甲から乙に
承継されていると考えているようです。また、本問では、乙も
死亡しており、その地位が丙に承継されていることから、結
局、相続人丙が登記義務者となると考えているようです。

　ところで、受託者の固有財産となった旨の登記が、所有権の

移転の登記の形態ではなく、権利の変更の登記の形態によるとした場合において、その登録免許税は、登録免許税法別表第1ー（十四）が適用され不動産1個につき1,000円の定額となるのか、登録免許税法別表第1ー（二）ハが適用され、不動産価額の1,000分の20の税率となるのかという問題があります。この点については、昭41・12・13民事甲第3615号民事局長電報回答の趣旨を踏まえ、不動産価額の1,000分の20の税率が適用されると考えられるのですが、この場合には、登録免許税法7条2項の重畳適用の可否が問題となります。

　登録免許税法7条2項の適用を受けるには、「信託の信託財産を受託者から受益者に移す場合」（要件1）であって、「当該信託の効力が生じた時から引き続き委託者のみが信託財産の元本受益者である場合」（要件2）において、「当該受益者が当該信託効力が生じた時における委託者の相続人……であるとき」（要件3）の全ての要件を満たす必要があります。本問は、形式的に要件1を満たしており、甲が信託開始時から死亡まで受益者であったことから要件2も満たしています。また、乙は、甲の相続人であることから要件3についても満たされています。

　しかしながら、ここで2つの疑問が生じます。1つは、清算中のみの「みなし受益者」は、登録免許税法7条2項の「受益者」といえるかという疑問であり、もう1つは、信託目録の受益者欄に受益者の変更が登記されている必要があるかという疑問です。

　前者については、登録免許税法に受益者の定義がないことか

ら、信託法の定義に依拠することになると考えられます。名古屋国税局ホームページに掲載されている文書回答事例、別紙「信託終了に伴い、受託者兼残余財産帰属権利者が受ける所有権の移転登記に係る登録免許税法第7条2項の適用関係について」によれば、信託法では、信託が終了した場合においても、その清算が結了するまで信託はなお存続するものと擬制され、残余財産帰属権利者は当該清算中受益者とみなされる旨が規定されていることから、残余財産帰属権利者は、本件信託の清算中、受益者とみなされ、登録免許税法の受益者に該当するとの見解が示されています。著者はみなし受益者を信託法及び登録免許税法上の受益者とする上記の取扱いには、疑問を持っています。

　後者については、上記のように清算期間中のみなし受益者が信託法及び登録免許税法上の受益者として整理されるのであれば、不動産登記法97条の受益者にも該当することになり、信託目録の受益者欄に記録されるべき受益者であるといわざるを得ません。そうであれば、本問の場合には、信託目録の受益者を甲から乙に変更する必要があり、登記官との関係においても、登録免許税7条2項の適用の可否の判断は、信託目録の受益者欄に乙が受益者として登記されていることが要件であると考えられます。

第3 受託者が信託財産たる金銭で受託者の固有財産である不動産を取得した場合の登録免許税

> **問8** 受託者が信託財産たる金銭で受託者の固有財産である不動産を取得した場合の登記手続と登録免許税はどうなりますか。〔照会者Ｈ〕

　受託者が信託財産である金銭を運用して、信託行為として不動産を取得すると、当該不動産は、信託財産になります。このような場合、当該不動産の売主は、一般的には第三者であることが多いので、当該不動産の所有権は、売買により売主から買主である受託者へ移転するとともに、当該不動産は信託財産となるので、所有権の移転の登記（民法177条）及び信託の登記（信託法14条）がされることとなります。

　照会者Ｈは、上記の場合において、第三者の所有する不動産ではなく、受託者自身が所有する不動産を対象とするとのことですが、そのようなことは許されるでしょうか。ここでは、受託者の所有する不動産を①受託者の固有財産としての不動産の場合と、②受託者が他の信託契約に基づき信託財産として所有している不動産の場合に分けて、その可否を検討したいと思います。照会者Ｈによれば、本問は、①の場合とのことです。

　まず、固有財産たる不動産の所有者甲と買主である受託者甲は、同一人格であり、甲と甲の売買契約そのものを自己取引で

あるとして否定する考え方があります。この考え方によれば、売買契約はもちろんのこと、甲から甲への所有権の移転も否定されることになります。もっとも、信託法の立場からすれば、そのようには解されません。

　例えば、旧信託法下において有力に主張されていた法主体説では、固有財産たる不動産の所有者甲と買主である受託者甲は、別の法主体であるとして、売買契約の成立とともに甲から甲への所有権の移転も認められると考えられていました。また、かつての債権説では、法主体そのものは甲のままですが、甲は、完全な所有権を支配する法的地位と、債権的な制約を受ける信託受託者としての法的地位を併有するものと解されていました。旧信託法下の不動産登記実務は、債権説に基づいており、甲から甲への所有権の移転の登記（民法177条）は認められていませんでした。

　現行信託法は、立案担当者によれば、債権説に依拠したものとされており、旧信託法下の不動産登記実務がそのまま承継されていると考えられますが、「甲と甲が売買契約を締結することができるか」という実体的な問題については、信託法31条1項1号にて自己取引の原則禁止が規定されているものの、同条2項1号では、信託行為に当該行為をすることを許容する定めがある場合には、例外的に認められることとされています。

　つまり、信託目録に契約の内容が明記されていれば、登記手続上も許容されるものと考えられます。もっとも、この自己取引の法的性質を債権説のみをもって全て説明することは困難であり、現行信託法のみならず、信託業実務や不動産登記実務に

おいても、債権説で全てを説明するのではなく、債権説を主と
しながら、必要に応じて補充的に法主体説に立脚した取扱いが
されているものと、著者は理解しています。

　本問のように、受託者が信託財産である金銭を運用して、信
託行為として自己の固有財産である不動産を売買により取得す
ることは、信託法の建前から認められると解されます。また、
この場合の登記は、一種の物権変動があったものと認められる
のですが、甲から甲への所有権の移転の登記（民法177条）では
なく、甲名義の登記に権利の変更の登記（民法177条、不動産登
記法3条、104条の2第2項）の申請及び信託の登記（信託法14
条、不動産登記法98条1項）がされる取扱いが相当と考えます。

　次に、甲名義の登記に権利の変更の登記がされる場合（民法
177条、不動産登記法3条、104条の2第2項）の登録免許税額が、
登録免許税法別表第1—（二）ハの売買による所有権の移転の
登記の税率によるのか、別表第1—（十四）の付記登記又は権
利の変更とした不動産の個数1個につき1,000円になるのかと
いう点が問題になります。ここでは、上述のとおり、受託者
は、既に所有権の取得の登記時に、登録免許税を納付済みであ
り、今回、所有権の移転の実質がない以上、売買による所有権
の移転の登記の税率が適用される余地はなく、形式的に付記登
記又は権利の変更に該当することからも、不動産の個数1個に
つき1,000円とするのが相当と考えます。

　本問の検討に際しては、対象となる登記が「所有権の移転」
の実質を有している登記であるかどうかが重要であって、単に
「権利の変更」という部分のみに着目することは相当ではない

と考えます。

　既述したとおり、信託の登記の登録免許税は、登記の形式が「権利の変更」であっても、機械的に、登録免許税法別表第1一（十四）の不動産の個数1個につき1,000円の税額が適用されるとの解釈は取られません。例えば、信託の終了に伴い、委付又は信託財産の引継等により受託者名義の信託財産が受託者の固有財産となった場合などは、実質的には所有権の移転の内容であるとして、登録免許税が課されることとなります。ここでは、本来、所有権の移転の登記を受ける際に納付すべきであった登録免許税が受託者であることを理由に免除されていたことについての追徴の意味を有するものと考えられ、このような登録免許税法の解釈は、信託の登記以外についても多々あり、いずれも正当な解釈であると考えられます。

　なお、信託の終了によって当該不動産が受益者（委託者）に移転する場合には、当該不動産は、受託者が信託財産である金銭で取得したものであり、委託者の固有財産ではなかったことから、登録免許税法7条1項2号の適用を受けることはなく、原則どおり、所有権の移転の登録免許税が課されることになります。

第 17 章

信託期間中の変動・その他

1 信託登記に優先する所有権の移転の仮登記の本登記

> **問1** 信託登記に優先する所有権の仮登記の本登記をする
>
> ことができますか。〔照会者Ａ〕
>
> 【登記記録甲区】
>
> | 2 | 所有権移転 | 原因　何年何月何日売買
所有者　株式会社甲 |
> |---|---|---|
> | 3 | 所有権移転仮登記 | 原因　何年何月何日売買
権利者　株式会社乙 |
> | | 所有権移転 | 原因　何年何月何日売買
所有者　株式会社乙 |
> | 4 | <u>所有権移転</u> | <u>原因　何年何月何日信託</u>
<u>受託者　丙</u> |
> | | <u>信託</u> | <u>信託目録第何号</u> |
> | 5 | ４番所有権、信託
登記抹消 | ３番仮登記の本登記により何年何月何
日登記 |
>
> 【信託目録】
>
> | 第何号 | 何年何月何日
第何号 | 信託抹消　３番仮登記の本登記により
平成何年何月何日抹消 |
> |---|---|---|

甲区順位３番の所有権の移転の仮登記の本登記をするに際

し、信託登記名義人が登記上の利害関係人となる事例です。

　順位３番の仮登記に基づく本登記の申請は、登記義務者株式会社甲と、登記権利者株式会社乙の共同申請によりますが、順位３番の所有権の移転の仮登記は、４番の登記に優先するので、登記上の利害関係を有する第三者の承諾を証する情報を添付しなければなりません（不動産登記法109条、不動産登記令７条１項６号、同令別表69）。４番の登記は、「所有権移転」と「信託」の登記から構成されていますが、ここでいう第三者とは、具体的に信託当事者の誰を指すのでしょうか。所有権の移転の登記に関しては登記名義人である受託者丙作成の承諾を証する情報等が必要となるという点で異論はないと思われますが、信託の登記の抹消に関しては、果たして受託者丙のみが信託の登記を抹消することを承諾する権限を有していると解するべきでしょうか。思うに、受託者丙は、登記名義人ではあるものの、信託財産の性質上、完全な所有権を有しているとは言い難く、受託者が有する管理処分権は、信託契約の制約を受けていると考えられることから、承諾をする権限が付与されているかどうかは、信託契約の内容によるのではないでしょうか。登記官としては、信託目録の記録内容を手掛かりとせざるを得ず、最終的には信託目録の解釈問題になると思われます。一般に、あらかじめそのような権限が付与されていることはまれであると思われますので、少なくとも、信託目録の記録に「受託者は、受益者の承諾を得て管理処分をする」旨の記載があるような場合には、併せて、受益者の承諾を証する情報も必要となるものと考えます。

2 遺言信託と相続登記

問2　建物の持分4分の1を遺言信託（公正証書遺言第2条関係）し、持分4分の3を相続（公正証書遺言第1条及び第3条関係）させるという内容の公正証書遺言があります。

① 「遺言信託の登記」「相続の登記」の順に登記の申請をして差し支えないでしょうか。

② 遺言執行者は、登記申請人の法定代理人になり、登記の申請をすることができるでしょうか。〔照会者B〕

公正証書遺言

第1条

　遺言者は、遺言者の相続開始時に有する一切の財産を、遺言者の妻丙某に対し、2分の1の割合により、相続させる。

第2条

　遺言者は、遺言者の相続開始時に有する一切の財産の4分の1の割合の財産額が、遺言者の相続開始における本件年金保険から給付される金額の総額と前記甲某及び乙某の負担する相続税額の合計額を超える場合は、この遺言により前記甲某及び乙某の財産の適切な管理、運用及び処分のため、次のとおり信託する。

受託者　丙某

受益者　甲某及び乙某

信託期間　甲某及び乙某の生存中

信託終了の場合の帰属権利者　受益者らに2分の1の割合によりそれぞれ帰属

> 信託財産　遺言者の相続開始時に有する一切の財産の４分の１
> の割合の財産から、遺言者の相続開始時における本件年金保険
> から給付される金額の総額及び前記甲某及び乙某の負担する相
> 続税額を減じた財産
> 信託財産の管理、運用及び給付の方法　受託者は、信託財産を
> 適切に管理、運用し、受益者らに対し、定期的に、少額ずつ給
> 付するものとする。
> 第３条
> 　遺言者は、遺言者の相続開始時に有する一切の財産を、遺言
> 者の
> 　長女丁某に対し８分の１
> 　次女戊某に対し８分の１
> の割合により、それぞれ相続させる。

　①は、遺言信託の登記と相続の登記の申請の順序に関する照会です。例えば、不動産の所有者である甲について相続が開始したので、相続人である乙丙が共同相続の登記を申請しようとしたところ、甲がその不動産の３分の１を丁に遺贈する旨の遺言を残していたことが明らかになった場合には、乙丙への所有権の一部移転の登記を先に申請することはできず、先に丁への所有権の一部移転の登記を申請しなければならないとするのが登記実務の取扱いです（登記研究494号128頁）。これは、相続の対象となっている甲の財産が持分３分の２であること、すなわち相続財産の全部を登記記録に公示した上で、その全部について相続の登記の申請をしなければならず、相続財産の一部についての相続の登記は、することができないというものです。このことは、本問においても同様と考えます。よって、本問では、まず、持分４分の１について遺言信託の登記を申請し、続いて持分４分の３についての相続の登記を申請するべきである

と考えられます。

②は、遺言執行者の代理権限についての照会です。遺言信託の登記の申請は、遺言執行者と受託者の共同申請となります。遺言執行者は、受託者の代理人として登記の申請を代理することができます。同様に相続の登記の申請に関しても、遺言執行者は登記申請の代理権を有すると解されます。

3 第三者のためにする売買契約と信託の登記

> **問3** 受託者が、第三者のためにする売買契約によって、信託財産である金銭で不動産を取得することはできますか。〔照会者C〕

受託者が、信託財産である金銭で不動産を取得した場合には、当該不動産は信託財産となります。この場合には、不動産の売買による通常の所有権の移転の登記のほかに、当該不動産が信託財産である旨の登記を申請しなければなりません。

買主である受託者と売主との間の売買契約は、通常の売買と何ら変わるところはありません。売主にとって買主が支払う金銭が信託財産からの出捐であるか否かは関知するところではなく、売主は信託当事者の関係にないからです。したがって、売主と買主の売買契約の内容が第三者のためにする売買契約であったからといって、固有の論点は生じないと考えます。

もっとも、報告方式の登記原因を証する情報を提供するに

は、売買契約が有効に成立し、所有権が買主に帰属した旨と、別途、金銭信託契約が存在し、当該信託財産である金銭をもって本件売買の支払がされ、信託財産に帰属した旨が必要となります。これは、不動産の売買による通常の所有権の移転登記のほかに、当該不動産が信託財産である旨の登記が必要となるからです。

4　委託者又は受益者による所有権の移転登記の代位申請

> **問4**　委託者及び受益者の合意により解任された受託者が所有権の移転の登記を申請しない場合に、委託者又は受益者が所有権の移転の登記を代位で申請することができますか。〔照会者D〕

　受託者が解任され、新受託者が選任されたことによる受託者の変更の所有権の移転の登記の申請は、不動産登記法100条1項の例外規定の適用を受けないことから、前受託者と新受託者の共同申請を原則とします（不動産登記法60条）。登記義務者である前受託者が登記申請に協力しない場合には、一般に、登記手続を命ずる給付判決を取得して、登記権利者が単独で申請することができますが、照会者Dは、不動産登記法99条の規定により委託者又は受益者が前受託者に代位して、（新受託者と共同でではなく）所有権の移転の登記の申請をすることができると

考えているようです。

　しかしながら、不動産登記法99条は、代位により信託の登記を申請することを認めているのであって、所有権の移転の登記の代位申請を認めているわけではありません。照会者Dは、①形式的には所有権の移転の形態を採るものの、その実質は、受託者の解任による信託の変更であるとの意見を述べていますが、所有権の移転の登記と信託の登記は、不動産登記法上明確に区別されており、その性質も異なるものであることから、照会者Dのように解することはできません。また、照会者Dは、②受託者の後見開始や破産手続開始決定の場合には、新受託者による単独申請が認められていること（不動産登記法100条1項）を理由としていますが、不動産登記法100条1項は、単独申請が認められる場合を限定列挙したものであり、同条の規定を合意による解任の場合に類推適用することは、いささか乱暴といえます。更に照会者Dは、③所有権の移転の登記がされると登記官が職権で信託目録の変更の登記をすること（不動産登記法101条1項）を理由としていますが、登記官が職権で信託目録の変更を登記することと、所有権の移転の登記が単独で申請できることとは関係がないように思われます。

第2 用益権の登記に関するもの

1 信託財産に区分地上権を設定することの可否

> 問5　信託財産である土地に隣接して、地下鉄が開通する
> こととなり、地下鉄の出入り口を設置するために信託財
> 産に区分地上権を設定したいのですが、現行信託目録が
> 以下の場合、新たに受託者に区分地上権を設定する権限
> を付与する旨を信託目録に加えなければならないでしょ
> うか。〔照会者Ｅ〕
>
> ---
>
> 信託目録
> 1　信託の目的　本件不動産を受益者のために管理、運用及び
> 　処分すること
> 2　信託財産の処分
> 　(1)　受託者は、受益者から売却の指図があったときは、受益
> 　　者が指定する第三者に対して、受益者の指定する条件及び
> 　　価格で、信託不動産を売却する。
> 　(2)　受託者は、本信託契約で明示的に定める場合を除き、本
> 　　信託契約に基づく信託の受託者として金銭を借り入れ、又
> 　　は信託財産に対する担保権設定をすることができない。
> 　(3)　受託者は、受託者を抵当権設定者、質権者を抵当権者と
> 　　する停止条件付抵当権設定契約等を締結することにより、
> 　　本信託契約が終了することを停止条件として、信託不動産
> 　　に抵当権を設定することができる。

信託財産である土地に隣接して、地下鉄が開通することとなり、地下鉄の出入り口を設置するために信託財産に区分地上権を設定したいが、受託者に区分地上権を設定する権限を付与する旨を信託目録に加えなければならないのかという照会です。

　信託目録には、「１　信託の目的　本件不動産を受益者のために管理、運用及び処分すること」とあり、２以下に具体的な管理、運用、処分の方法が定められています。本問の信託が、土地の管理・運用・処分信託であることは信託目的から明らかです。一般に、信託財産に地下鉄の出入り口が設置されれば、鉄道事業の障害となる建物その他の工作物の設置及び掘削等の土地の形質変更等が禁止されるものの、現況にて利用する限りにおいては、資産価値に影響を与える重大な制限ではないようです。また、土地の利便性及び利用価値が高まることも想像に難くないことから、区分地上権を設定することについては、委託者も合意しているようです。

　ところで、照会者Ｅが信託目録の変更を要しないと考えている具体的な理由は判然としません。察するに、①信託財産に不利益を与えるものではないので、信託の目録を変更するような事案ではないと考えているのか、②信託の目的中の「処分すること」の文言から、包括的な処分権限が付与されていると考えているといったところでしょうか。

　①については、信託法26条に規定されている、受託者に信託法上当然に認められる管理処分権限は、原則として管理行為（保存、利用、改良の行為）に限られています。照会に係る区分地上権の設定行為は、明らかに処分行為と解されることから、

信託契約中にこれを許容する規定が設けられていない以上、受託者には、区分地上権を設定する権限は付与されていないものと考えられます。

　②については、仮に、信託の目的中の「処分すること」の文言に包括的な処分権限が付与されているというのであれば、そもそも「２信託財産の処分」の項を設け、具体的な処分権限の内容を書き下す必要はないことになります。契約の趣旨は、まず、信託の目的中に、本件信託が管理・処分信託であることを明らかにした上で、具体的な処分権の行使の範囲を「２信託財産の処分」の項に明記したものと解するのが相当と思われます。そのように考えると、信託目録には、信託財産の売却と、信託財産への抵当権の設定に関する行為のみが記録されており、区分地上権を含む第三者への用益権の設定は、想定されていないものと考えます。本問の場合には、まず、受託者に第三者のために区分地上権を設定する権限を付与する内容の信託目録の変更の登記をした後に、当該区分地上権の設定の登記を申請すべきと考えます。

第3 担保権の登記に関するもの

1 信託契約前に設定された根抵当権の登記の抹消と信託目録の記録

> 問6　信託不動産に信託契約前に設定された根抵当権（債務者は、現在の受益者又は委託者ではない）の登記がされている場合において、信託目録の記録中、「受託者は、本件信託不動産に関し、受益者又は委託者を債務者とする抵当権等の担保を設定する登記手続、担保権を変更・抹消する登記手続等を行うことができる」旨の定めがあるときは、受託者が当該根抵当権の登記を抹消する申請をすることができるでしょうか。〔照会者F〕

　信託不動産に信託契約前に設定された根抵当権（債務者は、現在の受益者又は委託者ではない）の登記がされている場合において、受託者が当該根抵当権の登記の抹消の申請をすることができるかという照会です。照会者Fは、信託目録の記録中、「受託者は、本件信託不動産に関し、受益者又は委託者を債務者とする抵当権等の担保を設定する登記手続、担保権を変更・抹消する登記手続等を行うことができる」旨の定めがあるので、債務者が受益者又は委託者でない本件抵当権に関して、受

託者は、当該根抵当権の登記の抹消の申請をすることができる
と考えているようです。

　一般に信託登記に優先する根抵当権が設定されている場合に
は、担保権が実行されれば、信託の登記は抹消される運命にあ
ることから、信託契約そのものが不安定なものとなります。信
託業実務では、一般にそのような信託契約を嫌い、信託契約に
先立って、当該根抵当権を抹消するものと思われますが、本問
は、何らかの事情で、当初受益者兼委託者を債務者とする根抵
当権が存置されているようです。

　解除を原因として当該根抵当権の登記を抹消しようとする場
合、根抵当権設定者の承継人である不動産所有者（受託者）が
登記権利者となるのですが、受託者が当該登記の申請をするこ
とが、信託の趣旨に合致するものであるかという点が問題とな
ります。本問では、信託目録の記録中、「受託者は、本件信託
不動産に関し、受益者又は委託者を債務者とする抵当権等の担
保を設定する登記手続、担保権を変更・抹消する登記手続等を
行うことができる」旨の定めがあります。照会者Ｆは、この文
言は、「受益者又は委託者を債務者とする抵当権等の担保を設
定する登記手続」と、「担保権を変更・抹消する登記手続等」
に分けることができ、受託者は、担保権の設定については、現
受益者又は委託者を債務者とする場合のみに制限されるもの
の、担保権を変更・抹消する登記手続等については、現受益者
又は委託者を債務者とする場合に制限されないという見解のよ
うです。

　しかしながら、本条項は、「受益者又は委託者を債務者とす

る抵当権等」を念頭に置いており、当該根抵当権の「設定」「変更」「抹消」の権限が付与されているものと解するのが、素直な解釈ではないでしょうか。

　なお、照会者Fによれば、信託契約の締結前に設定された当該根抵当権は、既に解除されているとのことであり、管理処分信託の受託者としては、本件信託不動産を処分する際には、いずれ当該登記を抹消しなければなりません。照会者Fは、気付かなかったようでしたが、本問の信託目録中には、別途、「受託者は、本件信託不動産の保存又は管理運用に必要な処置、特に本件信託不動産の維持、保全、修繕、改良について、受託者が適当と認める方法、時期及び範囲において行うものとする」の文言があり、受託者には、信託財産の維持に有益な行為を一定程度、自由に行う権限が付与されていると考えられます。また、信託目録中の受任者の権限に紛れや疑問があるような場合には、信託目録を変更し、受託者の権限として明確に規定することが望ましいと考えます。

2　信託登記のされた抵当権の一部移転の登記手続

> 問7　信託登記のされた抵当権付きの債権につき、被担保債権の債務不履行により債権者の被る損害を塡補する保険契約が締結されている場合に、当該債務不履行を保険事故として保険金が支払われたときには、債権者から保険者へ抵当権が移転すると考えますが、この場合の登記

> 原因は、「保険代位」として差し支えないでしょうか。
> 〔照会者G〕

　住宅ローン債権及び同債務を担保させる抵当権につき、その管理・運用及び処分を目的とする信託が設定され、抵当権設定、移転及び信託の登記がされています。

　一般に、金銭消費貸借契約上の債務者乙が自己の債務の担保として債権者丙に抵当権を設定している場合において、保険者である甲が同契約上の債務者乙を保険契約者とし、債権者丙を被保険者として、その契約上の債務不履行により債権者丙の被る損害を填補する保険契約を締結すると、乙の丙に対する債務不履行を保険事故として、保険者甲が保険金を債権者丙に支払った場合には、その支払った金額の限度において、甲は、丙が乙に対して有する契約上の債権及び抵当権を取得することとなります。この場合、債権者丙から保険者甲への抵当権の移転の登記の登記原因は、「保険代位」として差し支えないとされています（昭49・12・28民三第6714号民事局第三課長依命回答）。

　これは、債務の不履行により債権について生ずることがある損害を填補する損害保険契約に基づき行われるものであり（保険法25条１項）、本問のように、保険者が被保険者（受託者）に保険給付を行った場合であっても同様と考えられます。すなわち、被保険者債権の額よりも保険給付の額が少ないときは、受託者が信託財産として有する担保権付債権のうち、保険給付の額について、保険者は当然に代位し、代位に係る債権について、信託財産に属しないこととなります。この場合の抵当権の

一部移転は、保険給付の日をもって債権一部に保険代位が生じた旨及び保険者に移転した債権について信託財産に属しないこととなった旨を原因として、保険給付の額及び保険者の名称住所を登記することとされています。

なお、被保険者債権の全額について保険給付があった場合には、不動産登記法104条1項の規定に基づき、抵当権の移転の登記と同時に信託財産の処分を原因とする信託の登記の抹消を行うべきですが、本問の場合には、抵当権の一部移転の登記原因として、「同日信託財産の一部処分」をも登記しなければなりません。この場合の登記記録には、「原因　平成何年何月何日一部保険代位　弁済額金〇円」として、登記がされます。

3　信託財産に抵当権を設定する場合の債務者の表示

> **問8**　信託財産である金銭をもって不動産を買い受け、受託者名義で所有権の移転の登記を受け、信託の登記がされている不動産について、受託者が自己を債務者とする抵当権の設定の登記を申請するのですが、債務者の表示をどうしたらよいでしょうか。〔照会者H〕

受託者が信託行為として、信託不動産に自己を債務者とする抵当権の設定の登記を申請する場合の債務者の表示方法についての照会です。

本問の大前提として、受託者が信託財産に自己を債務者とす

る抵当権を設定するには、その権限が付与されている必要があ
ります。照会者Hによれば、信託目録には、その他の信託の条
項として、「1　受託者は、信託財産を担保とした金融機関借
入金債務については、信託財産責任負担債務としてこれを引き
受ける」と規定されているとのことです。信託財産責任負担債
務として引き受けるとは、「受託者が信託財産に属する財産を
もって履行する責任を負う債務」（信託法2条9号）として引き
受けることであり、これは、「信託財産のためにした行為で
あって受託者の権限に属するものによって生じた権利」（信託
法21条1項）であり、信託財産責任負担債務に係る具体的な債
権として認められます。

　ところで、当該抵当権設定登記の債務者の表示は、債務者で
ある受託者の氏名住所のほかに、何らかの表示が必要となるの
でしょうか。照会者Hは、債務者の表示を「債務者　委託者甲
某受託者乙某」と登記されるべきと考えているようで、その理
由として、①金融機関と受託者が作成した登記原因を証する情
報にそのように記載されていること、②他庁における受理事例
があるということのようですが、必ずしも理論的な考察がされ
ているものではないようです。

　思うに、「債務者　委託者甲某受託者乙某」との表現は、債
務者が甲某及び乙某の2人いることを公示するものであって、
信託法上、債務を負担するのは、飽くまでも受託者乙某だけで
あって、契約当事者として乙某のみが債務を負担する趣旨であ
れば、この表現は相当とは思われません。では、なぜ委託者甲
某と受託者乙某が冠記されているのでしょうか。その真意は、

契約当事者しか知り得ませんが、察するに、当該債務者乙が、自己の固有債務ではなく、委託者甲の信託債務を信託受託者乙として負担していることを契約書に明記したかったのではないかと推測されます。

改めて検討すると、少なくとも、債務者が2人いるとの疑念を与える登記はすべきでないと思われます。では、当該債務者乙が、自己の固有債務ではなく、委託者甲の信託債務を信託受託者乙として負担していることを公示する必要があるかという点が残ります。この点については、登記実務では、①債務者が乙某単独であること、②乙某は、自己の固有財産としてではなく信託財産の債務者であることを明らかにするために、「債務者　委託者甲某受託者乙某」ではなく、「債務者（受託者）乙某」などと登記されていることから、本問の場合もこのような登記をすれば足りるものと考えます。

4　第三者のためにする抵当権設定の登記

> **問9**　受託者が第三者の債務を担保するために信託不動産に抵当権を設定することは認められますか。〔照会者Ⅰ〕

受託者が第三者の債務を担保するために信託不動産に抵当権を設定する行為は、受益者の利益に反することになるので、仮に委託者及び受益者の承諾があったとしても、当該抵当権の設定の登記は、受理されないとする登記先例があります（昭41・

5・16民事甲第1179号民事局長回答）。照会者Ⅰは、同先例は、旧信託法下のものであり、家族信託などではニーズがあるとして、受益者の承諾を得るか、信託内容の変更をすることにより、第三者のためにする抵当権設定の登記を申請することが可能であると考えているようです。

信託法では、受託者は、受益者の利益のために忠実に信託事務の処理その他の行為をしなければならず（信託法30条）、受託者が第三者の債務を担保するために抵当権を設定する行為は、原則として禁止されています（信託法31条1項4号）。ただし、信託行為に当該行為を許容する旨の定めがあるとき（信託法31条2項1号）、受託者が当該行為について重要な事実を開示して受益者の承認を得たとき（信託法31条2項2号）には、受託者が第三者の債務を担保するために抵当権を設定することができるものと解されています。

照会者Ⅰによれば、既存の信託契約には、受託者が第三者の債務を担保するために抵当権を設定することができる旨の特約がないことから、信託契約を変更し、かかる特約を追加することを考えているとのことで、この場合には、信託目録の記載の変更の登記をした上で、抵当権の設定の登記を申請したいとのことでした。

一方、変更契約をして特約を設定しない場合であっても、受託者が当該行為について重要な事実を開示して受益者の承認を得たとき（信託法31条2項2号）には、受託者が第三者の債務を担保するために抵当権を設定することができるものと解されることから、この場合には、登記原因を証する情報中に、信託

法31条2項2号の要件を満たしている事実を明らかにした上で、別途、受益者の承諾を証する情報を提供する必要があるものと考えます（不動産登記令7条1項5号ハ）。

5 信託財産責任負担債務の条項と免責的債務引受の登記

> 問10 信託契約書に信託財産責任負担債務負担条項がある場合の登記申請手続は、どのようにしたらよいでしょうか。〔照会者J〕

照会者Jは、信託契約書に信託財産責任負担債務負担条項があるとして、この定めを信託目録に記録すべきかにつき疑義があるとしています。

信託財産責任負担債務とは、受託者が信託財産に属する財産をもって履行する責任を負う債務をいいます（信託法2条9項）。信託財産責任負担債務では、一定の要件の下、債権者による信託財産への差押えが認められています（信託法23条2項）が、全ての債務が信託財産責任負担債務となるわけではなく、信託法21条1項各号に対象となる権利が列挙されています。

照会者Jは、信託契約書に「信託財産責任負担債務　信託財産に対する賃借権に係る敷金返還債務及び何々信用金庫から貸金債務（平成何年何月何日金銭消費貸借及び平成何年何月何日金銭消費貸借）の負債は、信託財産責任負担債務として受託者にお

いて引き受ける」旨の定めは、「信託前に生じた委託者に対する債権であって、当該債権に係る債務を信託財産責任負担債務とする旨の信託行為の定めがあるもの」（信託法21条1項3号）に該当することから、信託財産責任負担債務と解しています。

　信託目録の記録事項「その他の信託の条項」（不動産登記法97条1項11号）に該当するかどうかは検討が必要と思われます。また、「その他の信託の条項」に該当するかという問題と、該当する場合に必ず登記をしなければならないのかという問題は、分けて考える必要があります。

　本問のように信託法上明文をもって「信託前に生じた委託者に対する債権であって、当該債権に係る債務を信託財産責任負担債務とする旨の信託行為の定めがあるもの」と規定されており、かつ、後日、信託の登記より先順位で登記された抵当権の変更の登記がされることが想定されるのであれば、当該変更の登記が信託行為に基づくものであることを明らかにしておく必要性があると考えます。

　なお、当初、上記定めを登記しなかった場合であっても、後日、登記をする必要性が生じた場合には、錯誤を原因とする信託目録の記載事項の更正が認められることは言うまでもありません。

6 信託の終了事由が生じた後に、受託者が設定者となって信託財産に抵当権設定の登記をすることの可否

> **問11** 信託の登記がされている不動産につき、信託の終了事由が生じた後であっても、清算が終了するまでの間であれば、当該不動産に受託者を設定者、受益者を債務者とする根抵当権の設定の登記をすることができると考えますがいかがでしょうか。〔照会者K〕

　照会者Kによれば、本問は、信託契約中に、「信託終了事由発生（ただし、不動産が売却等で換価されたため信託契約が終了した場合を除く）という停止条件が成就した場合には、債務者への信託財産引継による所有権の移転登記、信託登記の抹消に先立ち、根抵当権設定の登記をするものとする」との文言があり、受益者の有する債務を担保するため、受益者の債権者を根抵当権者とする根抵当権設定契約及び登記申請をすることのできる条項が設けられているとのことです。照会者Kは、信託の終了事由が生じた後であっても、清算が終了するまでの間は、信託は終了しないので、信託不動産に受託者を設定者、受益者を債務者とする根抵当権の設定の登記をすることができると考えているようで、更にこの根抵当権設定の登記の申請は、信託契約に基づいて信託財産のためにした行為であって、受託者の権限に属するものによって生じた権利（信託法21条5号）に係

る「登記の申請」であるので、信託財産責任負担債務となり、担保権等の実行が可能である（信託法23条1項）との理由で、信託の終了事由発生後から清算終了までの間に、信託契約で定めた根抵当権の設定契約の締結及びその登記の申請ができると考えています。本問では、受託者が信託の終了事由が生じた後に、清算以外に、信託目的を実現することができるのかという点が問題となると思われます。

　照会者Kによれば、根抵当権の設定行為そのものが信託財産の清算であり、信託の終了事由が生じた後に根抵当権の設定契約がされるという点については、信託終了後は、受託者による信託契約に基づいた信託財産の管理運用処分はできなくなるが、本件根抵当権契約は、信託の終了事由の到来と同時に効力が生じるので、受託者が清算事務に着手する前（あるいは同時）に効力が生じる旨の契約であると解せば、問題ないとのことです。

　まず、信託不動産に根抵当権を設定するためには、信託行為で受託者である根抵当権設定者に当該根抵当権の設定契約を締結する権限が付与されている必要がありますが、照会者Kは、特にこれを問題にしていないので、当然に付与されているとの前提で、考察を続けます。

　根抵当権の設定契約は、根抵当権者である金融機関と受託者である根抵当権設定者の合意により成立するものですが、本問では信託の終了事由が生じた瞬間に根抵当権設定契約が成立しているとのことですので、おそらく、終了事由の発生を停止条件とする根抵当権の設定契約が存在しているものと思われま

す。しかしながら、信託の終了事由が生じたことによって信託は終了しており、以後、受託者は清算事務を行う範囲内において権限を有するにすぎず、「信託は清算が結了するまではなお存続する」（信託法176条）との趣旨も同様に、清算の範囲内で存続するものと解されています。仮に終了事由が生じても信託行為を継続することができるとすれば、終了事由が生じてもなお信託は終了しないことになってしまい、照会者Kの見解には疑問を拭えません。その点、照会者Kは、根抵当権の設定契約の成立を「受託者が清算事務に着手する前（あるいは同時）に効力が生じる旨の契約であると解せば、問題ない」としていますが、理論上は、信託の終了事由の発生と同時では遅すぎるのであり、信託の終了事由の発生の前に根抵当権の設定契約が成立していないのであれば、どのように解釈をしても、信託が終了してしまうことになると思われます。

　次に、本件根抵当権の設定行為が受託者による信託の清算事務であるといえるでしょうか。確かに、根抵当権の設定は、信託財産の処分であり、その意味で信託財産の処分＝清算事務と考えたのかも知れません。しかし、根抵当権の設定行為のどの部分が具体的に清算事務なのか著者には理解できません。なぜなら、受託者がすべき清算事務とは、信託財産中の債権の取立てや、債務の弁済、残余財産の給付等であり、本件根抵当権設定契約は、信託の終了後に新たに金融機関と受益者との間の継続的な取引を担保するものにほかならず、受託者の清算事務とは異なるように思えます。

　また、照会者Kは、本件根抵当権債務が信託財産のためにし

164

た行為であって信託法21条１項５号に該当するので、信託財産責任負担債務であるとし、担保権の実行が可能であるとの意見を述べていますが、根抵当権が担保する債務は、受益者と金融機関との間の「継続的な」取引であり、信託期間中の受託者と金融機関との間に発生する取引ではないので、照会者Ｋの見解は失当と考えます。

本問は、信託財産引継による所有権の移転の登記前にどうしても根抵当権を設定したいという金融機関からの要請に応じるために、清算事務手続中の受託者を根抵当権の設定者とすることができるよう信託行為の変更を検討した結果のようですが、信託清算中に根抵当権を設定したいという要請そのものに無理があったのではないかと思われます。

7 （根）抵当権信託の登記の抹消手続

問12　事例【１】、【２】のとおり、解除により信託の登記の抹消及び（根）抵当権の登記そのものを抹消したいのですが、転抵当権者の承諾を証する情報に信託財産処分による信託の抹消の文言が必要になるでしょうか。また、抹消手続全般について、教示をしてください。〔照会者Ｌ〕

【１】

1	根抵当権設定	何年何月何日	登記事項省略 根抵当権者　Ａ銀行

		第何号	
1番根抵当権元本確定	何年何月何日第何号	原因何年何月何日確定	
1番根抵当権移転	何年何月何日第何号	原因　何年何月何日債権譲渡 根抵当権者　B合同会社	
信託財産の処分による登記			

【2】

1	抵当権設定	何年何月何日第何号	登記事項省略 抵当権者　A保証株式会社
付記1号	1番抵当権移転	何年何月何日第何号	原因何年何月何日合併 抵当権者　B保証株式会社
付記2号	1番抵当権転抵当	何年何月何日第何号	原因　何年何月何日債権譲渡 （原契約何年何月何日保証契約譲渡人C銀行）にかかる債権同日設定 転抵当権者　D合同会社
付記2号の付記1号	1付記2号転抵当権移転	何年何月何日第何号	原因　何年何月何日債権譲渡 （原契約何年何月何日保証契約譲渡人C銀行）にかかる債権同日設定 転抵当権者　D合同会社
	信託財産の処分による登記		

　照会者Lは、登記上の利害関係人となる転抵当権者の承諾を証する情報（不動産登記法68条、不動産登記令別表26.ヘ）に信託

166

財産処分による信託の抹消の文言が必要となるかについて照会しています。抵当権の登記が抹消されると、当該抵当権を前提として存在している転抵当及び信託の登記のみが存続することはあり得ないことから、利害関係人が当該抵当権が抹消されることを承諾すれば、利害関係人の有する転抵当及び信託の登記も抹消されることになるので、殊更承諾を証する情報の中に信託の抹消の文言を入れることが必須とは考えられません。照会者Lは、抹消手続全般について教示されたいということですので、以下検討します。

① 事例【1】について

　根抵当権者であるB合同会社は、信託の受託者でもあるので、根抵当権の登記の抹消は、設定者を権利者、B合同会社を義務者とする共同申請によります。

② 事例【2】について

　抵当権の登記の抹消は、設定者を権利者、抵当権者であるB保証株式会社を義務者とする共同申請によります。抵当権の登記の抹消に当たっては、転根抵当権者であるD合同会社の承諾が必要となります。受託者が信託を解除する権限を有していることについては、信託目録等で明らかにされる必要があります。なお、信託目録中に受託者に解除権限が明示されているのであれば、今回、別途、受益者等の承諾を証する情報を提供する必要はないと考えます。

8 信託によって生じる債権を被担保債権とする抵当権の設定の登記

> 問13 「信託受益権譲渡契約による手付金返還請求権」を被担保債権とする抵当権の設定の登記をすることができますか。また、これを仮登記で申請する場合には、１号仮登記、２号仮登記のいずれによるべきでしょうか。
> 〔照会者M〕

　近時、信託によって生じる債権を被担保債権とする抵当権の設定の登記の申請が散見されるようになりました。これは、抵当権の設定の登記の可否の問題であり、信託に関する登記の射程外とも思われますが、ここで検討します。

　本問は、①「信託受益権譲渡契約による手付金返還請求権」を被担保債権とする抵当権の設定の登記をすることができるかという問題と、②これを仮登記による場合に、１号仮登記によるべきか、２号仮登記によるべきかという問題に分かれます。

　①については、手付金返還請求権は、抵当権の設定時にはまだ発生しておらず、信託受益権譲渡契約の解除等による終了を条件として将来発生する可能性のある債権と解されます。この債権を被担保債権とする抵当権の設定の登記が可能かという点については、債権契約が条件付契約であることが登記原因を証する情報に明確に記録されている場合を除けば、一般に抵当権

の設定時に被担保債権が現実に発生している必要はなく、将来発生する債権であっても、抵当権の被担保債権となり得るものと解されていることから、特段の問題はないものと考えます（昭42・11・28民三第1067号民事局第三課長回答、昭51・10・15民三第5414号民事局第三課長回答）。

　②については、これを仮登記による場合には、債権契約が条件付契約であることが登記原因を証する情報に明確に記録されているような場合には、２号仮登記によることとなりますが、そうでない場合には、１号仮登記によるべきものと考えます。

第4 処分の制限の登記に関するもの

1 信託財産に優先する破産の登記の抹消の嘱託

> **問14** 信託の登記に優先する破産の登記（旧破産法）の抹
> 消の嘱託登記をしたいのですが、どのようにしたらよい
> でしょうか。〔照会者N〕

　本問は、昭和31年に破産手続が開始され、当該不動産そのも
のは、昭和37年に売却されたとのことですが、売却による所有
権の移転の登記のみがされており、破産の登記が抹消されずに
存置されたまま、当該不動産を信託財産とする信託の登記がさ
れている事案です。

　旧破産法には、破産の登記のある不動産を破産管財人が任意
売却した場合、当該破産の登記の抹消を嘱託する規定が欠落し
ていたようです。しかしながら、登記実務は、買受人保護の見
地から、破産管財人の売却による所有権の移転の登記後に売却
を原因として管轄裁判所から破産登記の抹消の嘱託があった場
合には、これを受理して差し支えないとされていました（昭
32・3・20民事甲第542号民事局長回答）。

　一般に、健全かつ安全な信託の遂行を考えた場合、破産の登
記のされた不動産を信託財産とすることは考えにくいと思われ

ます。なぜなら、当該不動産を信託財産に帰属させ、信託の登記を了したとしても、当該信託の登記は、破産の登記に対抗することができないからです。しかしながら、例えば、本問のように、既に破産が終結しているにもかかわらず、破産の登記のみが存置されているような場合に、当該破産の登記が実質的に効力を有していないことを奇貨として、当該登記を抹消することなく、当該不動産を信託財産に帰属させ、信託の登記をすることがあるかも知れません。

　本問は、信託の登記に優先する破産の登記（旧破産法）の抹消嘱託の方法を問うものです。

【嘱託書様式（参考）】

```
○○法務局　御中                   平成○年○月○日
○○地方裁判所
裁判官　○○　○○
不動産登記嘱託書
下記のとおり登記を嘱託します。
登記の目的　　昭和31年○月○日受付第○○号破産抹消
登記の原因　　昭和39年○月○日売却
所有者　何市何町何番地
（受託者）　　何々信託銀行株式会社
不動産の表示　別紙物件目録記載のとおり
登録免許税　　破産法第261条（旧破産法第122条第2項）により非
　　　　　　　課税
添付情報　　　登記原因を証する情報
　（別紙）
物件目録
所在　　何市何町
地番　　何番
地目　　宅地
地積　　何・何平方メートル
```

【登記原因を証する情報（参考）】

　別紙物件目録記載の不動産について、昭和39年○月○日売買により、破産の登記がその効力を失ったことを証明する。

平成○年○月○日

○○地方裁判所

裁判所書記官　　○○

2　信託財産と差押え

> 問15　委託者甲が信託の前に固定資産税を滞納していた場合、信託後に、登記義務者を受託者乙とする滞納処分の差押えの登記をすることができますか。また、受託者乙が信託の後に固定資産税を滞納していた場合、滞納処分の差押えの登記をすることができますか。〔照会者○〕

　信託法は、信託財産の差押えを原則禁止にしていますが、信託財産責任負担債務（信託法2条2項、21条1項）については、例外的に差押えが可能とされています（信託法23条）。本問の委託者甲が信託の前に固定資産税を滞納していたことによって生じた差押債権は、信託財産に属する財産について信託前の原因によって生じた権利（信託法21条1項2号）に該当するので、差押えが可能であると考えますが、差押えの登記をするためには、当該差押えが信託法21条1項2号に定める信託財産責任負担債務に該当することが登記原因を証する情報の記録から明らかにされなければなりません。

　また、受託者乙が信託の後に固定資産税を滞納していた場合については、本問では乙が自己の固有財産の固定資産税を滞納したのか、本件信託財産の固定資産税を滞納したのかは明らかではありません。前者の場合には、例え乙名義であったとしても、信託財産への差押えは認められないと解されます。一方、後者の場合には、信託財産責任負担債務（信託法2条2項、21条1項）と解されるので、差押えが可能であると考えられますが、差押えの登記をするためには、前述したとおり、当該差押えが信託法21条1項2号に定める信託財産責任負担債務に該当することが登記原因を証する情報の記録から明らかにされなければならないものと考えます。

問16　甲を委託者兼受益者、乙及び丙を受託者とする登記がされている場合において、受託者の１名である丙が辞任したときの登記原因を証する情報は、以下の内容で差し支えないでしょうか。〔照会者Ｐ〕

【登記原因を証する情報】
　　　　　土地信託契約書の一部を変更する契約書
　甲と乙とは、甲と乙及び丙とが、平成何年何月何日付けをもって締結した土地信託契約書（以下「原契約書」という。）の一部を、以下のとおり変更することに合意したので、本土地信託契約の一部を変更する契約書（以下「本契約書」という。）のとおり、変更契約を締結する。
（共同受託者）
第１条　原契約書中第１条に規定する共同受託者は、平成何年何月何日に受託者丙が辞任するため、次のとおり変更する。
　　変更前　乙　丙
　　変更後　乙
２　前項により、平成何年何月何日をもって原契約書第４条の代表受託者及び共同受託者の役割に関する規定は廃止する。
　　なお、丙が負うべき原契約に基づく一切の債権債務については、単独受託者となる乙が承継するものとする。
第２条以下省略
　甲及び乙は、本契約書２通を作成し、それぞれの記名押印の上、その１通を保有する。

平成○年○月○日
甲（委託者兼受益者）○○○

| 乙（受託者） | ○○○ |

　受託者乙と受託者丙とは、合有の関係にあり、その１人である丙が辞任したときは、合有名義人の変更の登記の申請をすることになります。受託者の辞任については、信託法57条の規定により、信託行為に別段の定めがない限り委託者及び受益者の同意が必要となります。したがって、登記申請に際しては、当該第三者の同意を証する情報を提供しなければなりません（不動産登記令７条１項５号ハ）。照会者Ｐは、当該同意を証する情報のひな形がないという理由で、事前審査を求めたものです。

　当該同意を証する情報は、定型の様式による必要はなく、任意に作成されたもので差し支えありません。同意の内容が分かれば、本問のような契約書の形式であったとしても差し支えないと考えます。なお、同意を証する情報には、同意者の印鑑証明書を添付しなければなりません（不動産登記令19条２項）。

　なお、本契約書を同意を証する情報として提供するだけでなく、登記原因を証する情報として併用することができるかという論点もあります。本契約書を登記原因を証する情報とするためには、登記原因を証する情報への押印は、当事者全員である必要はなく、登記義務者のみで差し支えないものと考えられています。合有名義人の変更の登記は、残存受託者乙を登記権利者、任務終了受託者丙を登記義務者とする共同申請になります。本問の場合、登記義務者である任務終了受託者丙は、契約当事者になっていないことから、本契約書は、合有名義人の変更の登記の登記原因を証する情報としての適格性を認めること

はできず、別途、辞任を証する情報等を添付する必要があると

考えます。

第6 共有持分の信託

> **問17** 所有権の一部である共有持分に信託の登記をすることはできますか。〔照会者Q〕

　共有持分も財産権であり、移転することができるので、所有権の一部である共有持分を信託財産とすることは、もちろん可能です。この場合には、信託財産の対象となる持分を登記する必要がありますが、これは、信託財産の対象又は所有権移転の対象となる範囲を特定するために、不動産登記法59条1号の「登記の目的」として登記されるものであり、受託者が複数いる場合の所有権の共有持分の割合として、すなわち不動産登記法59条4号の「登記名義人ごとの持分」として登記されるべきものではありません。

　照会者Qは、上記の事案について、信託財産の対象となる持分を共有持分と間違わずに登記するには、申請情報に当該持分をどのように記録すべきかという疑問を持ったようです。受託者が複数いる場合に、不動産登記法59条4号の「登記名義人が2人以上であるときは当該権利の登記名義人ごとの持分」が登記されない理由は、受託者は登記名義人であるが、受託者相互間には持分の概念がなく、そもそも持分が存在しないからです。一方で、所有権の一部や共有持分の一部が信託財産となった場合には、固有財産としての共有財産を有する共有者と、信

託財産としての共有財産を有する他の共有者である受託者との関係においては、その持分を登記する必要があります。ここで持分とは、上述したとおり、登記名義人単位に付与された権利としての持分ではなく、移転すべき財産を特定する（範囲を決する）ための割合としての持分です。

　ところが、登記情報システムでは、この持分が登記記録の受託者の氏名の下欄に「(受託者持分何分の1)」と記録されてしまうことから、照会者Qは、不動産登記法59条4号の「登記名義人ごとの持分」と間違われやすいと考えたのでしょう。このことは、持分の一部を自己信託する場合も同様であり、この場合の信託財産となった旨の登記の登記記録には、信託財産の対象となった持分が、同様に記録されることになります。

　これは、現在の登記情報システムの設計上、やむを得ないのであって、例えば、所有権の一部である持分5分の1を信託財産とした場合には、所有権一部移転及び信託の登記の申請情報の受託者の氏名の次に「(受託者持分5分の1)」と記録する（不動産登記記録例集551）ことになり、これを登記情報システムに入力するためには、登記の目的を「所有権一部移転」ではなく、「何某持分5分の1移転」としないと、登記事項の編集に支障を来すことになります。

申請情報の作成例1

登記の目的	所有権一部移転及び信託	
原因	年月日信託	
権利者（受託者）	何市何町何番地　持分5分の1	何某
義務者	何市何町何番地	何某

申請情報の作成例2

登記の目的	所有権一部移転及び信託	
原因	年月日信託	
権利者（受託者）	何市何町何番地	何某 （受託者持分 5分の1）
義務者	何市何町何番地	何某

■ 著者略歴 ■

横山　亘（よこやま　わたる）

昭和58年	東京法務局
平成5年～平成23年	法務省民事局と東京法務局に勤務
平成24年	広島法務局民事行政部不動産登記部門統括登記官
平成26年	千葉地方法務局松戸支局統括登記官
平成27年	新潟地方法務局供託課長
平成29年	東京法務局民事行政部民事行政調査官
令和元年	横浜地方法務局法人登記部門首席登記官
令和2年	新潟地方法務局不動産登記部門首席登記官
令和3年	東京法務局民事行政部不動産登記部門首席登記官
令和5年	東京法務局民事行政部次長

KINZAIバリュー叢書L

信託登記の照会事例2

2023年10月6日　第1刷発行

著　者　横　山　　　亘
発行者　加　藤　一　浩

〒160-8519　東京都新宿区南元町19
発　行　所　一般社団法人 金融財政事情研究会
編　集　部　TEL 03(3355)1721　FAX 03(3355)3763
販売受付　TEL 03(3358)2891　FAX 03(3358)0037
URL https://www.kinzai.jp/

DTP・校正：株式会社友人社／印刷：文唱堂印刷株式会社

ISBN978-4-322-14364-5

創刊の辞

2011年3月、「KINZAI バリュー叢書」は創刊された。ワンテーマ・ワンブックスにこだわり、実務書より読みやすいが新書ほど軽くないをコンセプトに、現代をわかりやすく切り取り、かゆいところに手が届く、丁度いい「知識サイズ」に仕立てた。

ニュース解説に留まらず物事を「深掘り」した結果、バリュー叢書は好評を博し、間もなく第一作の「矜持あるひとびと」から数えて刊行100冊を迎える。読者諸氏のご愛顧の賜物である。

バリュー叢書に通底する理念は不易流行である。「金融」「経営」などのあらゆるジャンルに果敢に挑戦しながら、「不易」―変わらないもの―と「流行」―変わるもの―とをバランスよく世に問うことである。本叢書シリーズは決して色褪せない。それはすなわち、斯界の第一線実務家や研究者が現代を切り取り、コンパクトにまとめ、時代時代の先進的なテーマを鮮やかに一冊に落とし込んでいるからだ。次代に語り継ぐべき大切な「教養」や「斬新な視点」、「魅力溢れる人間力」が手本なき未来をさまようビジネスパーソンの羅針盤になっているものと確信している。

2022年12月、新たに「Legal」を加え、12年振りに「バリュー叢書L」を創刊する。不易流行は変わらずに、いま気になることがすぐにわかる内容となっている。第一線実務家や研究者はもとより、立案担当者や制度設計に携わったプロ達も執筆陣に迎えている。

新シリーズもまた、混迷の時代、先が見通せないと悩みながら「いま」を生き抜くビジネスパーソンの羅針盤であり続けたい。

加藤　一浩